휴식
(rest)

오늘
지음

머리말

나는 휴식하면서 살고 있는가? 이 물음에 '그렇다'라고 답한다면 이 책을 볼 필요는 없습니다. 하지만, 쉬고 싶다는 생각이 든다면 이 책을 읽은 후 실천해 보라고 권하고 싶습니다. 당신이 지불한 책값과 이 책을 읽는 데 사용한 시간을 고려해 봐도 절대 손해는 아닐 것입니다.

어렵거나 힘든 일이 있을 때마다 나를 힘들게 하는 실체는 무엇이며, 어떻게 하면 좀 더 잘 지낼 수 있을지를 내내 고민해 왔습니다. 그 결과 힘겨움을 덜 수 있는 실질적인 해결 방안을 정리할 수 있게 되었습니다.

내용을 쉽게 전달하기 위해 휴식을 원하는 후배와 구체적인 방법을 제시하는 선배 간의 대화 형식으로 본문을 구성하였습니다. '제1장 이론'편에서는 휴식하는 방법과 과도한 스트레스를 줄이는 방안에 대해 알아보고, '제2장 사례'편에서는 우리가 스트레스를 받는 대표적인 5가지 사항에 대해 1장에서 제시한 해결 방안을 적용하여 보았습니다.

이 책에서 제시하는 5개의 구체적인 방법 중에서 최소한 한 가지라도 적용해서 여러분의 삶이 좀 더 편안해지길 바랍니다. 특히, 치열한 경쟁으로 인해 스트레스를 많이 받는 수험생, 직장인, 운동선수, 연예인에게 도움이 되었으면 합니다.

이 책을 읽는 방법

첫째, 이 책은 대화체로 구성되어 있어 읽기가 쉽고, 전달할 내용의 핵심만을 정리해 분량이 많지 않습니다. 따라서 처음부터 읽기를 권합니다.

둘째, 책을 읽으면서 적용해 볼 만하다고 생각되는 부분과 그 이유를 책에 기록해 보십시오. 책을 다 읽은 후에는 기록한 부분 중 최우선 순위부터 실행하시길 바랍니다.

셋째, 책이 작아 휴대가 용이하므로 곁에 두고 실생활에서 어떻게 활용할지를 고민해 보십시오. 반복해서 읽다 보면 처음과 다른 부분이 눈에 들어오기도 하고 자신에게 적합한 새로운 방법을 찾는 데도 도움이 될 것입니다. 무엇보다 자신의 생각이 중요합니다.

목차

머리말 ··· 2

이 책을 읽는 방법 ··· 4

제1장
이론 ··· 7

1. 휴식이란? ··· 9

2. 휴식 대상 ··· 17

3. 호흡(방법1) ··· 21

4. 생각 지연(방법2) **과테말라 걱정 인형** ··· 27

5. 육체의 건강 **비교의 대상** ··· 33

6. 스트레스를 어떻게 인지하느냐가 해결 방안 ··· 45

7. 정의의 문제(Matter of Definition-방법3) ··· 51

8. 정도의 문제(Matter of Degree-방법4) ··· 55

9. 수용의 문제(Matter of Acceptance-방법5) **긍정** ··· 58

10. 연습의 힘 ··· 65

제 2 장
사 례　　　　　　　　　　　… 69

1. 죽음(확실한 미래) 스트레스　　　　　… 71

2. 불확실한 미래 스트레스　　　　　　　… 78

3. 사람 스트레스 **감정 전달 / 절충**　　　　… 90

4. 일 스트레스 **상황 파악 / 멀리서 보기 / 아모르 파티**　… 107

5. 자신 관련 스트레스 **정량적 평가 / 정성적 평가 / 경청과 겸손**　… 128

제 3 장
정 리　　　　　　　　　　　… 139

에필로그　　　　　　　　　　　　　　… 146

제 1 장

이론

휴식이란?

· · · ·

선배님 오래간만입니다.

잘 지냈어? 지훈아!

네. 제가 일 때문에 작년 가을 여행에는 참석하지 못해서 오랜만에 뵙네요. 저는 그동안 바쁘게 지냈어요. 선배님도 별일 없으시죠?

나도 시간이 어떻게 지났는지 모르게 일이 많았는데 지금은 괜찮아.

다행이네요. 지난번 모임에도 많이들 참석했죠?

재학생 30명 그리고 졸업생 20명 포함해서 총 50여 명 참석한 것 같아.

매번 참석하는 숫자는 비슷하네요. 그래도 우리 여행 동아리 모임은 대단한 것 같아요. 매년 봄, 가을로 1박 2일로 여행가는 모임을 30년 넘게 지속하고 있잖아요. 특히, 여행 중 선배님들이 순번제로 돌아가면서 다양한 주제로 강의해 주는 프로그램이 저한테는 도움이 많이 됐어요. 지난번 모임에서 선배님이 '휴식'에 대해 강의하셨고 반응도 매우 좋았다고 제 동기한테 들었습니다. 그때 참석해서 들었어야 했는데 아쉬웠어요. 저도 평소에 '휴식'이라는 주제에 관심이 많아서 선배님께 연락할까 말까 망설이다가 용기를 내어 뵙자고 했습니다. 선배님도 바쁘실 텐데 죄송합니다.

아니야. 나도 마침 시간이 있어서 괜찮아. 내가 너를 안 지도 15년 정도 된 것 같은데 이 정도는 해줄 수 있지.

제가 대학 1학년 때 동아리에 들어가서 선배님을 처음 뵀으니, 정말 딱 15년 되었네요.

그래. 세월 참 빠르다. 그땐 네가 신입생이라 그런지 아주 어리게 보였는데 지금은 나하고 별 차이가 없어 보이는 것 같다?

그럴 리가요! 선배님하고 저하고 띠동갑인데 아직은 아니죠. 그리고 그때는 학생이라서 더 어려 보였을 거에요. 이제 저도 직장 다닌 지 8년이나 됐어요.

한참 일할 나이네. 근데, 휴식에 관심을 두는 걸 보니까

요즘 일이 많나 보지?

네. 최근에 좀 피곤하네요.

그래, 오늘 내 얘기를 듣고 도움이 되었으면 좋겠구나. 그럼, 휴식에 관해 설명하기 전에 너에게 당부하고 싶은 두 가지 사항, '전달'과 '평가'에 대해 먼저 얘기해 볼게.

첫째, '전달'에 대한 것이야.

내 설명을 듣고 이해가 잘되지 않으면 그냥 넘어가지 말고 반드시 얘기해 줘. 우리가 서로 시간을 내서 이렇게 마주 앉아 있는 이유는 내가 알고 있는 것을 충분히 전달해서 너의 어려움을 해결하고자 하기 때문이야.

대체로 사람들은 확실히 이해해야 전달받은 내용을 현실에 적용할 수 있어. 너도 내 말에 어느 정도 확신이 들어야 시작할 수 있을 거야.

아무리 좋은 것이라고 해도 본인이 부정적으로 생각한다면 시작할 수 없고, 아무 생각 없이 남이 좋다고 해서 따라 하는 정도로는 얼마 못 가 그만두게 돼. 내가 해줄 얘기에도 완전히 새로운 내용은 없지만, 왜 중요하게 생각하는지 나름의 이유를 설명할 테니, 이해가 안 되거나 의견이 다르면 말해줘.

물론, 충분히 이해할 수 있도록 쉽고 간단하게 설명하려고 노력해 볼게. 말을 어렵게 하거나 장황하게 설명하는 사람은 내용을 확실히 모르거나 자기 생각이 충분히 정리되지 않았기 때문에 그런 것이라고 생각해. 예를 들어 아인슈타인의 상대성 이론을 안다면 초등학생도 이해할 수 있게 설명할 수 있어야 한다는 거지. 설명을 듣는 상대방의 생각이 다를 수는 있을지언정, 논리적으로는 이해가 되어야 해.

선배님 말씀은 수동적으로 듣지 말고 적극성을 가지고 이해될 때까지 질문하라는 거죠?

맞아. 두 번째 '평가'로 넘어가 보자.

네가 내 말을 다 듣고 얼마나 도움이 되는지를 자연스럽게 평가하게 될 거야. 평가가 좋을수록, 오늘 들은 내용을 일상생활에서 더 많이 실행하게 되지.

그런데 도움이 되었는지 여부만을 가지고 평가하기보다는 도움을 얻는 데 든 비용과 시간도 평가 요소에 포함해야 한다고 생각해.

이를테면, 네가 30만 원을 내고, 하루 8시간 동안 '휴식'에 대한 세미나에 참석한 후 90점을 평가한 경우와 2시간 동안 대가 없이 나와 대화한 후 90점을 평가한 경우를 비교해보자. 평가점수 90점은 같지만, 후자가 더 좋은 평가를 받아야 한다는 거야.

왜냐하면 후자의 경우 전자에 비해 비용 30만 원과 6시간을 줄일 수 있었잖아. 너는 그 줄인 비용과 시간을 활용하여 도움이 되는 다른 활동을 할 수 있기 때문이지.

내가 하고 싶은 말은 효율성이 높은 경우 평가를 더 좋게 해서 실행하는 동력으로 삼으라는 거야. 또한 효과를 얻고자 할 때 효율은 꼭 고려했으면 해. 우리가 가진 자원은 한정적이니까 말이야.

그러니까 선배님이 오늘 해주실 말씀은 아주 효율적인 내용이라는 것이지요?

그렇지. 자 효율성 있게 바로 본론으로 들어가 보자. 기본적인 질문부터 해 볼게.

너는 휴식이 뭐라고 생각하니?

편히 쉬는 거 아닙니까?

그렇지. 간단히 말하자면 편히 쉬는 게 휴식이지.

그렇다면 왜 편히 쉬고 싶니?

글쎄요. 갑자기 이유를 물어보니 대답하기 어렵네요.

편히 쉬고 싶은 이유에는 여러 가지가 있을 수 있겠지만, 결국 피곤함을 느껴서 그렇겠지? 피곤하지도 않은데 휴식 좀 해야겠다 그러진 않잖아?

맞아요. 피곤하다고 생각되면 쉬고 싶어요. 제가 선배님을 일부러 찾아뵌 이유는 요사이 피곤함을 많이 느끼고 있고, 또 편하게 쉬려고 해도 그것도 쉽지 않더라구요.

그래, 그럼 편하게 쉬는 방법에 대해 알아보자.

휴식 대상

우리가 피곤을 느낄 때, 그냥 막연히 편히 쉬면 휴식이 될까?

글쎄요. 딱히 그런 건 아닌 듯해요. 주말에 시간을 내어 집에서 쉬었는데도 월요일에 피곤함을 느끼는 경우도 많지 않나요?

그렇지. 그런데 그건 주말 동안에 몸은 휴식을 취했는데, 머리는 계속 과도하게 사용해서 그런 건 아닐까? 머리를 쓰면 많은 에너지가 소모돼서 피곤함을 느낄 수 있지.

우리는 휴식을 말할 때, 몸과 머리를 구분해서 생각해 볼 필요가 있어. 편히 쉬기 위해서는 쉬고 싶은 대상이 몸인지 머리인지 먼저 자신에게 물어봐야 해.

쉬고 싶은 대상이 몸이라면, 몸을 최소한으로 움직임으로써 비교적 간단하게 해결할 수 있어. 예를 들어, 3일 동안 야근해서 육체적으로 피곤한 경우에는 주말에 시간을 내서 잠도 자고 육체적 활동을 최소화하면서 휴식을 취하면 되는 거야. 몸을 써서 생업을 이어가거나 몸을 가지고 지속적으로 연습을 해야 하는 운동선수와 같이 육체적 활동을 멈추기가 현실적으로 어려운 경우를 제외하고는 몸의 휴식은 그리 어려운 일이 아니라는 거야.

하지만, 머리의 휴식은 쉽지 않지. 예를 들어, 쉬고 싶어서 휴가를 간 경우에도 오늘 저녁 메뉴부터 시작해서 내일 일정, 휴가 후 회사일 등으로 머릿속이 복잡해. 머리는 쉴 새 없이 돌아가고 있지. 아무 생각도 하지 않고 쉬고 싶은데 계속 이런저런 생각을 하게 돼. 생각이 떠오르는 걸 통제하기 매우 어렵다는 거야. 지훈아! 너는 평상시에 5분이라도 아무 생각도 하지 않고 지낼 수 있니?

어려울 것 같은데요. 5분이 아니라 1분도 쉽지 않을 것 같아요.

그래서 나름대로 쉬는 방법이 필요한 거야. 쉬고 싶은 대상이 머리라면, 앞으로 내가 말해 주는 방법을 사용해 봐. 나도 5년 전에 스트레스를 심하게 받은 적이 있어. 그때 이것저것 시도해 보다 나름대로 방법을 찾은 거 같아. 그걸 정리해서 지난번 우리 동아리 모임에서 발표한 거야. 그런데 이것은 내 방법이고 사람마다 방법은 다를 수 있으니, '쉼=편안해야 한다'라는 핵심을 지키는 선에서 본인에게 맞게 변형해서 적용하면 돼.

지훈아! 너는 지금 쉬고 싶은 대상이 몸이니? 머리니?

몸이 피곤하다고 생각했는데, 선배님 말씀을 듣고 보니 머리인 것 같아요. 요사이 육체적으로 피곤한 일보다는 정신적으로 피곤해서 그 영향으로 몸도 피곤해진 것 같아요.

너의 경우처럼 대부분 우리가 휴식하려는 대상은 언뜻 생각했을 땐 몸인 것 같지만, 사실 머리인 경우가 많아. 머리를 쉬게 하는 방법을 2가지 알려줄 테니 잘 들어봐.

알겠습니다.

호흡(방법1)

. . .

머리의 휴식을 위해 내가 제시하는 첫 번째 방법은 몸을 최대한 편안한 상태로 두고 호흡에 집중하는 것이야.

먼저 몸을 편안하게 하는 과정을 설명해 볼게. 머리는 몸에 붙어 있어서 몸이 불편하면 머리도 불편함을 느껴. 그렇기 때문에 몸을 움직이지 않는 상태가 제일 좋아. 몸을 움직이지 않는 상태를 크게 3가지로 구분해 보자. 서 있을 때, 앉아 있을 때, 누워 있을 때 중 언제가 제일 편안해?

누워있을 때죠.

그렇다면, 누운 상태에서 더 편안함을 느끼기 위해 몸을 최대한 이완시켜 보자. 누워서 몸에 힘을 빼고 팔다리를 늘어뜨려 봐. 두 팔을 수평으로 뻗고, 두 다리도 45도 정도 벌린 상태로 머리를 좌우로 천천히 2~3번 돌려 목을 부드럽게 하면 몸이 최대로 이완된 상태가 되었다고 할 수 있겠지.

여기서 중요한 건 몸에 힘을 빼는 거야. 자세는 각자 편하게 취하면 돼.

자세가 편해졌으면, 눈은 살며시 감고, 마음이 진정되는 음악을 듣는 거야. 나는 유튜브에 있는 '명상음악'을 검색

해서 사용해.

이렇게 머리가 붙어 있는 몸을 가장 먼저 편한 상태로 만든 후에, 이제 머리를 쉬게 하기 위해 호흡에 집중하는 과정을 설명해 볼게.

이 상태에서 왜 호흡에 집중합니까? 그냥 이 상태에서 아무것도 생각하지 않으면 되는 거 아니에요?

앞서 너도 말한 것처럼 아무 생각도 하지 않는 상태로 1분을 보내기가 쉽지 않아. 그래서 호흡에만 집중하고 다른 생각을 못 하도록 하는 거지. 생각을 0으로 만들면 좋지만, 현실적으로 어려우니 차선책으로 딱 하나만 생각하는 거야. 그렇다면 무엇을 생각하는 게 좋을까? 집중하려면 복잡한 내용보다는 단순하면서도 의미가 있는 내용이 좋겠지?

그게 호흡이라는 겁니까?

맞아. 호흡은 너무 자연스러운 활동이라 우리가 인지하지 못해서 그렇지, 지금 당장 숨을 쉬지 못하면 죽는 거야. 호흡은 삶을 이어가는 가장 근원적인 활동이며, 삶을 유지시키기 위한 최소한의 활동이지. 또한 호흡은 단순하면서도 우리가 살아 있다는 것을 느낄 수 있는 매우 의미 있는 활동이기도 해.

호흡에 집중하는 방법은 입을 닫은 채 코로 숨을 들이쉬고 내쉬면서, 들이쉴 때 코앞에서 들어오는 숨을 느끼고, 내쉴 때 코앞에서 나가는 숨을 느끼는 거야.

처음 할 때는 짧게 5분 정도로 알람을 맞추어 놓고 시작하면 좋아. 5분이 끝나면 다시 5분 정도 더 해 보는 식으로 점차 시간을 늘려가는 거야.

보통 누워서 하는 게 제일 편하니까 아침에 일어나자마자 또는 잠자기 전에 해 보면 좋고, 그사이라도 누워서 할 수 있는 상황이라면 언제든 해 보면 돼. 앉거나 서서도 할 수 있는데, 나는 점심시간에 의자에 앉아서 또는 여행 중

비행기를 타거나 차로 이동할 때 이러한 방법으로 호흡하곤 해.

실제로 해 보면 호흡에 집중하려고 해도, 벌써 다른 생각을 하고 있는 너를 발견하게 될 거야. 그럴 땐 다시 호흡에 집중하며 진행하면 돼.

나는 이 휴식 방법을 해 보기 전에는 매일 긴장하며 살고 있다고 느꼈어. 심지어, 내가 휴가를 보내고 있을 때도 회사에 가지 않았을 뿐이지 편히 쉰다고 느끼지 못했거든. 편안한 상태에서 호흡에 집중하는 것을 경험한 후부터는 하루 중 몇 분이라도 완전한 휴식을 취할 수 있게 되었는데, 이것은 정신적으로 안정되는 데 매우 큰 도움이 되었어. 요즘은 호흡에 집중하는 시간을 실생활에서 최대한으로 늘리려고 노력하고 있지.

그런데, 머리를 쉬게 하는 방법으로 '호흡'도 있겠지만 요새 사람들 사이에서 인기 있는 '불멍'도 한 방법이 되겠네요. 장작이 불에 타고 있는 것을 보고 있으면 다른 생각도 나지 않고 시간 가는 줄도 모르잖아요.

예전에 나도 나이아가라폭포를 구경 가서 그 떨어지는 물줄기를 보고 있었는데 30분이 금방 지나간 것을 알고 깜짝 놀란 적이 있었어. 물론 호흡에 집중하지 않아도 아무 생각 없이 있을 수 있다면 그렇게 하면 돼. 그게 안 된다면 네가 말한 대로 '불멍'하면서 머리를 쉬게 해 봐도 되고, 숲이나 바다를 보는 등 본인에게 더 맞는 방법이 있다면 그걸 선택해서 하면 된다고 생각해. 그렇지만 내 경험상 우리가 일상생활에서 가장 적용하기 쉬운 것은 시각적인 방법보다는 '호흡'인 것 같아.

생각 지연(방법2)

과테말라 걱정 인형

. . .

머리의 휴식을 위해 내가 제시하는 두 번째 방법은 '생각 지연'이야.

'생각 지연'이 뭡니까?

말 그대로 특정한 생각을 일정한 시간 동안 하지 않고 미루는 거야.

가령 네가 골치 아픈 일이 생겨서 그 문제를 어떻게 해결해야 할지 이번 주 내내 고민하고 있는데, 여러 가지가 복잡하게 얽혀 있어 쉽게 해결될 것 같지 않아. 그래서 이번 주말에는 그 문제를 생각하지 않고 좀 쉬려고 해.

혹은, 네가 시험을 봤는데 합격 여부를 알기까지 1달이 걸려. 그동안 네가 아무리 걱정하거나 고민한다고 하더라도 합격 여부는 달라지지 않아. 그래서 1달 동안 쓸데없는 걱정을 안 하면서 지내고 싶어. 물론 합격 여부에 따른 대비를 할 필요는 있겠지.

이 두 가지 경우에서와 같이 네가 원하는 대로 정해진 시간 동안 특정한 생각을 하지 않음으로써 휴식을 취할 수 있다는 거야.

저는 주말 동안에 회사 생각을 안 하고 지내면 훨씬 좋을 것 같은데요. 어떻게 하면 될까요?

우선 '생각 지연'할 대상을 선택해. 피로감을 주는 생각 중에서 일정한 시간 동안 생각하지 않아도 결과에 큰 영향이 없는 것을 한 가지만 선택하는 거야. 네가 말한 대로 주말 동안 회사 생각을 하지 않는 것으로 정해 보자.

그다음은 네가 회사 생각을 하는 너를 인지할 때마다 '회사 생각을 주말 동안 안 하기로 했지'라고 스스로 되뇌면서 회사 생각을 중단하면 돼. 시간이 지나면서 회사 생각을 하는 너를 발견할 때마다 또다시 생각을 멈추는 것을 반복하다 보면 점차 개선될 수 있어. 호흡에 집중하다가 딴생각이 들면 다시 호흡으로 돌아오는 것과 마찬가지야.

지금 내가 설명한 방법에 물리적 실체를 활용해서 생각을 통제하는 방법을 알려줄게. 지훈아! '과테말라 걱정 인형'이라고 들어 봤어?

아니요.

과테말라 고산지대 인디언들이 만든 인형인데, 자신의 걱정과 근심을 작은 인형에게 맡기고 잠들면 요정이 나타나 그것들을 가져간다고 믿는 풍습에서 유래됐대. 그래서 지금도 '걱정 인형'을 침대 옆에 두고 잠자기 전에 자신의 걱정과 근심을 인형에게 말하고 편히 잠든다는 거야.

생각과 물리적 실체를 연계해서 사람들이 생각을 정리하도록 돕는 거지.

'생각 지연'의 경우에도 '걱정 인형'을 활용하여 인형에게 생각을 지연할 대상을 말한 후 지연할 날짜를 적어서 붙여 놓는 거야. 인형 이름도 '생각 지연 인형'이라 명명하고 인형과 날짜를 보면서 '생각 지연'을 해 보는 거야.

제 생각엔 작은 유리병을 이용해도 좋을 것 같아요. '생각 지연'할 대상을 종이에 적어서 유리병에 넣고 뚜껑을 닫은 후 그 위에 날짜를 적어 놓는 거죠. 생각이 그 날짜까지 갇혀 있다는 느낌이 들어서 효과가 있을 것 같은데요.

매우 좋은 생각이네. 이처럼 너에게 적합한 방법을 찾아서 활용하면 실천에 도움이 되지. 생각을 조절하는 데 도움이 되는 몇 가지 사례를 더 얘기해 줄게.

조선 후기 실학자인 다산 정약용은 유배 가서 새벽마다 마당을 쓸었다고 해. 유배 가서 얼마나 마음이 복잡했겠어. 마당을 쓸면서 밤새 묵은 미련과 어리석음을 먼지와 함께 쓸어 날려 보냈다고 해. 마당을 쓰는 물리적인 행위 없이 생각만으로는 조절하기 어려웠을 거야. 걱정거리를 종이에 적고 찢거나 태운다든지, 심리극에서 돌아가신 분을 배우가 연기해서 과거의 관계를 정리하는 것도 같은 맥락이라고 생각해.

정말로 활용할 수 있는 방법은 여러 가지가 있겠네요.

일단 지금까지 내가 얘기한 것을 전체적으로 정리해 보자. 피곤함을 느껴 편히 쉬고 싶을 땐, 우선 휴식의 대상이 몸인지 머리인지를 결정해. 몸이면 시간을 내서 몸의 활동을 최소화하면서 휴식하면 돼. 만약 머리라면 '호흡'

을 통해서 최소한의 생각만을 하는 상태로 비교적 단시간을 유지하거나, '생각 지연'을 통해서 피로감을 느끼게 하는 주된 생각을 하지 않고 비교적 장시간을 지냄으로써 휴식하는 거야.

방법이 생각보다 간단하네요.

간단해야 이해하기도 쉽고 실천하는 데 도움이 되지. 앞으로 전달할 내용도 왜 그렇게 생각하는지에 대한 이유를 포함해서 최대한 간단히 설명할 거야.

다음은 우리가 살면서 피곤함을 덜 느끼는 방법에 대해서 알아보자. 이미 발생한 피로감을 잘 해소하는 것도 중요하지만, 피로감을 사전에 줄여서 일상을 좀 더 편안하게 지낼 수 있다면 그것 또한 휴식하는 방법이라 생각해.

불이 났을 때 불 끄는 방법도 중요하지만, 불이 안 나는 게 더 좋지. 그 방법을 알려줄게.

❺

육체의 건강

비교의 대상

. . .

우리가 피곤함을 느꼈을 때 앞서 그 대상이 몸인지 머리인지 자신에게 물어보라고 했잖아? 마찬가지로 일상에서 피곤함을 줄이는 방법에 대해 몸과 머리로 나눠서 알아보자.

우선, 몸의 피로감을 줄이기 위해서는 육체를 건강하게 유지하는 것이 필요해. 그 이유는 우리가 건강하지 않을 때 피로감을 더 느끼기 때문이야.

건강하지 않다는 것은 두 가지로 구분해 볼 수 있는데, 아픈 데는 없지만 허약한 상태이거나 또는 어딘가 아픈 상태이지. 허약한 상태는 건강할 때보다는 피로감을 더 느낄 테고, 아픈 상태 또한 통증으로 인해 피로감이 훨씬 많을 수밖에 없지.

육체를 건강하게 유지하기 위해서는 우선 생활을 규칙적으로 해야 해. 가능하다면 정해진 시간에 자고, 일어나고, 식사하고, 운동하는 거지. 규칙적으로 생활했는지 매달 말일마다 점검하는 시간을 반드시 갖고, 다음 달 계획에 반영해 보는 거야. 일 년에 12번만 한다고 생각하면 실행하기 어려운 일은 아니지.

규칙적으로 생활하는 게 좋다는 것은 알지만, 일상생활을 하다 보면 예기치 않은 일들이 생겨 실천하기가 어려워요.

그렇긴 하지만, 생각만 해서 나아지는 것은 없어. 조금이라도 실행해야지. 모두가 각자에게 주어진 시간과 상황은 다르기 마련이야. 중요한 것도 다르고, 할 일도 많지. 어느 것이 중요한지를 알았다면, 그다음은 우선순위를 결정하고, 우선순위가 높은 것부터 실행해야 해.

그리고, 네가 정말로 규칙적인 생활을 해야겠다고 생각한다면, 규칙적인 생활에 방해되는 다른 것들을 포기해야 해. 그런데 우리는 규칙적인 생활에 방해되는 다른 것들도 하면서 규칙적인 생활도 하고 싶어 하지. 그게 욕심이라는 거야. 결국은 제대로 하지도 못하고, 둘 다 할 방법만 찾다가 시간만 보내는 거지. 욕심을 갖는 것은 누구나 할 수 있지만, 욕심을 버리기는 어려워.

실행하는 것은 새롭고 획기적인 방법이 있는 게 아니고, 그냥 하는 것이라고 해. 그런데 우리는 하기 싫으니까, 핑계를 대게 되지. 예를 들어, 11시에 자기로 했으면 11시에 자면 되지, 11시에 자려면 어떻게 해야 하느냐고 물어보지 말라는 거야. 이것은 의사결정의 문제이기 때문에 더 이야기한다고 해서 도움이 되는 게 아니니까, 다음으로 넘어가자.

사람들이 몸을 자동차에 비유하잖아. 그 이유는 사용기간이 한정되어 있어 시간이 지나면 고장이 난다는 것과, 관리해 주면 좀 더 오래 기능적으로 사용할 수 있다는 점이 같아서 그래. 규칙적인 생활을 기반으로 육체를 건강하게 유지하기 위해서 중점 관리할 3가지 사항은 잠, 음식, 운동이야.

먼저 잠은 수면시간이 중요한데 각자 자신에 맞는 수면시간을 정하고, 그 시간만큼은 꼭 자서 신체가 휴식할 수 있도록 해야 해.

요즘 불면증에 시달리는 사람이 점점 많아진다고 들었어. 잠이 잘 오지 않거나 중간에 잠이 깨면 잠자리에서 일어나지 말고 앞서 얘기한 '코로 숨을 들이쉬고 내쉬는 누워서 하는 호흡'을 해 봐. 잠을 자는 동안 숙면하면 좋겠지만, 차선책으로 호흡하는 것과 자는 것을 반복해서라도

수면시간을 채우는 것이 훨씬 피로감을 줄여 줄 거야. 꾸준히 하다 보면 호흡하다가 잠이 드는 시간이 늘어나게 되어 불면증도 어느 정도는 개선될 수 있어.

이번엔 음식에 대해 말해보자. 음식도 매우 통제하기 어렵지만, 'Garbage In, Garbage Out'이란 말을 기억하면 도움이 돼.

그거 '컴퓨터에 쓰레기 자료를 넣으면 쓰레기가 나온다'라는 말 아니에요?

맞아. 컴퓨터와 마찬가지로, 몸도 입으로 들어온 음식에 좌우된다는 거야. 술, 담배, 기름진 음식, 달고, 짜고, 맵고, 탄 음식 등 몸에 좋지 않은 음식을 섭취하면 좋지 않은 결과가 나오는 것은 당연하다는 거지. 건강해져서 몸의 피로감을 줄이고 싶다면, 네 입으로 어떤 음식이 들어오는지 관심을 두고 조절해야 한다는 거야.

그런데 그건 사람에 따라 다른 거 아니에요? 주위에 보면 술, 담배, 기름진 음식을 먹어도 별 이상 없는 사람도 많잖아요?

술, 담배, 입에서 당기는 기름진 음식도 먹고 싶고, 건강도 하고 싶은 거지. 앞서 얘기한 규칙적인 생활을 방해하는 것들도 하면서 규칙적인 생활을 하고 싶은 것과 같은 맥락이야.

영어 속담에 'Apple to Apple, Pear to Pear'라는 말이 있어. 비교를 할 때는 같은 속성을 가진 것끼리 비교해야 한다는 거지.

술 담배를 하지 않는 사람과 술 담배를 하는 사람을 비교해서 누가 더 건강한지를 보는 게 적절하다고 생각해?

네, 보통 그렇게 비교하잖아요? 사람들은 술 담배를 했는데 건강하게 장수한 사람도 있고, 술 담배를 안 했는데도 일찍 죽은 사람도 있다고 말하잖아요.

나는 술 담배를 하는 사람이 술 담배를 하지 않았다면 더 오래 건강하게 살았을 거라고 봐. 좋지 않은 음식을 먹어도 좋은 음식을 먹은 사람보다 더 건강할 수 있어. 비교 대상이 다르니까. 하지만 한 사람을 두고 비교해 본다면 좋은 음식을 먹는 것이 더 낫다는 거지.

그러니까 '우리 옆집 할아버지는 아직 담배를 피우시는데 여전히 건강하고, 너는 담배도 안 피우는데 왜 그렇게 허약하니?'와 같은 비합리적인 비교는 이제 그만하고 '우리 옆집 할아버지가 담배를 안 피우셨으면 훨씬 더 건강하셨을 텐데, 네가 담배를 피웠으면 훨씬 더 건강상 문제가 많았을 텐데'처럼 같은 대상, 조건을 가지고 비교해야 한다는 거야.

그리고, 우리가 접하는 건강 관련 정보도 잘 해석할 필요가 있어. 앞서 말한 것처럼 합당한 대상끼리 비교가 이루어진 건지, 단지 좋다, 나쁘다가 아니라 어느 정도 건강에 영향을 미치는 것인지, 실험 모집단이 신뢰할 만한 크기인지, 실험 모집단과 나와의 유사성은 있는지 등 합리적으로 분석해서 나에게 정말 의미가 있는지를 판단해야 한다고 생각해.

특히, 요즘 정보를 제공하는 미디어의 수가 폭발적으로 늘어나서 정보 제공자 간 경쟁이 갈수록 심화되고 있어. 보는 사람의 관심을 끌기 위해 내용을 좀 더 부풀리고, 자극적인 표현을 사용하므로 판단이 쉽지 않아. 자신이 이해할 수 있을 만큼 합리적인 내용인지 반드시 점검해 볼 필요가 있다는 거야.

마지막으로 운동에 대해 말해볼게. 운동이 육체를 건강하게 유지해 준다는 것은 설명할 필요가 없겠지?

운동은 몸이 굳는 것을 방지해 주는 스트레칭 운동, 그리고 근력 운동으로 나눌 수 있어. 근육량이 감소하면 조금만 움직여도 피곤해지고, 근육을 강화해서 약해진 뼈를 보완할 수 있으므로 근력 운동을 병행해야 해.

운동은 힘들어서 거창하게 시작하지 말고, 처음엔 네가

부담 없이 할 수 있는 정도로 작게 시작해서 점차 늘려가는 방향으로 생각해야지 지속할 수 있어.

육체적인 피로감을 줄이는 방법은 저도 알고 있는 수준이네요. 규칙적으로 생활하고, 잠, 음식, 운동에 신경을 쓰라는 거잖아요.

맞아. 전체적인 원리가 맞다는 생각이 들면, 구체적인 방법은 자신이 처해있는 환경과 의지력을 고려하여 결정하면 돼. 다른 사람은 어떻게 하고 있는지 관심을 가지고 살펴보고, 필요하면 자료도 찾아보면서 자기 것을 완성하는 게 중요해.

선배님의 방법을 애기해 주시면 저에게도 도움이 될 거 같은데요.

네가 참고로 하겠다니 나의 경우를 말해 줄게.

나는 11시에 자고 6시에 일어나. 숙면을 위해서 안대를

사용하고, 중간에 잠이 깨면 눈을 감은 채로 편히 쉰다고 생각하고 호흡해. 핸드폰을 보거나 일어나지 않고 아침 알람이 울릴 때까지 누워있어.

식사는 아침 7시 반, 점심은 12시, 저녁은 7시, 과식을 피하고 천천히 먹으려고 노력하고 있어. 매끼마다 단백질을 챙겨 먹으려고 하고, 저녁 식사 후에는 가급적 아무것도 먹지 않지. 물은 아침에 일어나자마자 1컵, 오전에 1컵, 오후에 2컵 마셔. 담배는 피우지 않고, 술은 조금만 마시고자 하지.

아침에 스트레칭 운동 10분, 팔굽혀펴기 10회, 프랭크 1분, 스쿼드 10회, 아령 등 근력 운동 10분, 매일 8,000보 걷기, 저녁 후 무조건 동네 공원에 가서 체육시설 이용, 주말에는 2시간 정도 산에 가.

이게 내가 꾸준히 하려고 하는 내용이고, 일이 있거나, 하기 싫을 땐 넘어가기도 해.

하지만 이렇게 몸을 관리한다고 해서 병이 나지 않는 것도 아니고, 관리하지 않는 주위 사람보다 더 건강하지 않을 수도 있어. 내가 얘기한 'Apple to Apple, Pear to Pear'처럼 나 자신만 놓고 보면 몸을 관리했을 때가 더 건강한 거야. 병이 나더라도, 그나마 관리해서 이 정도고, 관리했기 때문에 더 회복이 빠르다고 생각해야지, 관리했는데도 병이 났으니, 관리할 필요가 없다고 생각하면 안 된다는 거야.

선배님 얘기는 허약한 사람이 몸을 관리하면 관리하지 않을 때 보다 더 건강하다는 거잖아요.

맞아. 건강하기 위해서 내가 그나마 손쉽게 할 수 있는 것을 시작해 보는 것이 중요해. 그다음은 각자의 의지에 달려 있는 것이지, 방법을 몰라서 못 한다고는 생각하지 않아.

여기까지가 몸의 피로감을 줄이기 위해서 규칙적으로 생활하고, 잠, 음식, 운동을 중점적으로 관리하여 육체를 건강하게 유지하는 방법에 대한 설명이야.

다음은 과도한 스트레스를 감소시켜서 머리의 피로감을 줄이는 방법에 대해 말해 줄게. 나는 이 부분이 제일 흥미롭고 재미있어. 잘 들어봐.

스트레스를 어떻게
인지하느냐가 해결 방안

. . .

지훈아! 너의 일상생활에 아무 문제가 없어. 걱정거리도 없고, 고민거리도 없다면 어떨 것 같아?

너무 좋지요. 매일매일이 편안할 것 같은데요. 스트레스 받을 것도 없고, 휴식해야 한다는 생각도 나지 않을 것 같아요.

그래. 네가 말한 대로 스트레스를 받지 않으면 정신적 피로감도 없겠지. 그런데 일상에서 스트레스받을 일을 0으로 만들 수 있을까?

스트레스가 없으면 좋겠지만 그렇게 되겠어요? 살면서 스트레스받을 일은 끊임없이 생길 것 같아요.

그렇지. 그러니까 우리가 어떻게 할 수 없는 스트레스 대상 그 자체는 그대로 두고, 대신 스트레스를 인지하는 방법에 대해 생각해 보자는 거지. 왜냐하면 거기에 해결 방안이 있거든.

교통사고를 예로 들어서 설명해 볼게. 운전을 하는 사람은 은연중에 교통사고에 대한 스트레스를 자연스럽게 받게 돼. 하지만, 그것에 관한 생각 자체를 하지 않게 해서 스트레스를 없앨 수가 없다는 거지. 우리가 주목해야 하는 점은 교통사고에 대한 스트레스의 강도는 사람마다 다르게 느

낀다는 거야. 즉, 없앨 수 없다면 교통사고에 대한 스트레스의 강도를 줄여 정신적인 피로감도 줄이자는 거야.

선배님이 앞에서 설명해 주신, 피곤해서 아무 생각도 하고 싶지 않지만 그렇게 할 수 없으니 호흡에 집중하는 방법을 사용하는 것처럼, 스트레스를 안 받을 수가 없으니 차선책으로 스트레스받는 강도를 줄이자는 거죠?

맞아. 그럼, 스트레스의 강도를 줄일 수는 있을까?

그건 가능할 것 같아요. 선배님이 말씀하신 것처럼 같은 스트레스도 사람에 따라서 느끼는 정도가 다르니까요. 시험에 떨어질까 봐 걱정은 하지만, 사람에 따라 그럴 수도 있다고 생각하고 덤덤하게 지내는 사람도 있고, 떨어질까 봐 노심초사하면서 전전긍긍하는 사람도 있으니까요.

그래. 평상시에 고민이나 걱정을 심하게 해서 불안을 많이 느끼는 사람은 덤덤한 사람에 비해 피로감이 더 크다고 할 수 있지.

그런데, 스트레스를 강제로 줄일 수 있습니까?

강제로는 안 되지. '왜 그 일에 그렇게 스트레스를 심하게 받아? 스트레스를 좀 줄여 봐'한다고 해결이 되겠어?

그러면 어떻게 줄일 수 있는 거지요?

앞서 말한 것처럼 불합격에 대해 덤덤한 사람과 전전긍긍하는 사람은 불합격이란 스트레스 대상은 같지만, 불합격에 대해 다르게 인지하기에 스트레스의 강도가 같지는 않다는 거야.

시험에 불합격할까 봐 몹시 걱정하고 있는데, 다시 생각해 보니 불합격한다고 해서 내 인생이 끝나버리는 것도 아니고, 힘들겠지만 다시 도전해 볼 수도 있고, 또 포기하더라도 다른 길이 있을 수 있으므로, 걱정은 되지만 몹시 걱정할 일은 아니라고 다르게 받아들일 수 있다는 거지. 이번의 불합격이 나를 더 단단하게 만들어 주고 실패를 통해 값진 경험을 얻을 수도 있다는 생각을 해 보는 거야.

실패해도 괜찮으므로 시험에 대한 노력을 덜 해도 된다는 게 아니라, 합격하기 위해 열심히는 하되, 불합격에 대해 지나친 스트레스를 받지 말라는 거지.

다르게 생각해 보니, 그렇게 걱정할 문제가 아니었다고 스스로 이해가 되면 불합격에 대한 스트레스가 이전보다 줄었다고 할 수 있겠지.

그런데 이건 아무리 남이 뭐라고 하더라도 되는 게 아니야. 스스로 이해할 때 비로소 해결되는 거지.

같은 사안을 이렇게 생각할 수도 있고, 저렇게 생각할 수도 있는 거니까. 한쪽 면만 봐서 무척 걱정했는데 다른 면을 보니, 그렇게 걱정할 일이 아니라는 거지.

사람들이 문제가 생겼을 때, 주위의 도움을 받아서 다른 시각을 통해 걱정을 해소하는 거랑 같은 거네요.

맞아, 생각을 바꿔서 스트레스를 줄이는 거지.

사람들이 일상생활에서 불편함을 느끼는 감정들 즉, 걱정, 불안, 분노, 공포, 답답함, 짜증 등이 모두 '스트레스'라는 단어에 포함된다고 가정할 때, 이런 스트레스의 강도를 줄이면 그만큼 피로도 준다는 거지.

결론부터 얘기하면, 네가 받는 스트레스 중에서 심하지 않은 것들은 놔두고, 신경이 많이 쓰이는 스트레스에 대해서 다시 한번 합리적으로 생각해 보라는 거야.

물론 생각을 정리하고 바꾸기가 쉽진 않지만. 설명해 볼 테니 잘 들어보고 맞다고 생각하면 주저 없이 실천해 봐. 틀림없이 도움이 될 테니까.

생각을 바꿈으로써 스트레스의 강도를 줄이는 구체적인 3가지 방법을 말해볼게.

정의의 문제
(Matter of Definition - 방법3)

• • •

스트레스의 강도를 줄이는 첫 번째 방법은 '정의의 문제'를 생각해 보는 것이야. 네가 스트레스를 받는 대상을 합리적으로 재정의해보는 거지.

사람들은 각자 나름대로 자신과 관련된 많은 것에 대해 정의를 내리는데, 어떻게 정의하느냐에 따라 상황이 이해되기도 하고, 해결하기 어려운 골치 아픈 문제가 되기도 해.

예를 들어 삶은 행복이라고 정의하는 것과, 삶은 원래 고통이라고 정의하는 것에는 큰 차이가 있지.

사는 것이 원래 고통스러운 것이고 가끔 행복한 일도 있다고 정의하고 지내는 사람은, 살면서 겪게 되는 힘든 삶을 당연하게 생각하고, 이런 상황을 덜 피곤해 하면서 살게 되겠지.

그런데 삶은 행복한 것이고 좋은 일만 있어야 한다고 정의하는 사람은 힘든 일이 닥쳤을 때 자기 삶이 정의와는 다르게 잘 못 되고 있다는 것에 대해 무척이나 고통스럽게 느끼며 힘든 나날을 보내게 돼.

대부분 우리의 머리를 복잡하게 만드는 것이 바로 자신이 정한 정의에 어긋나게 상황이 돌아가고 있는 경우일 거야. 가령 사람들은 이렇게들 얘기하지. '친구는 그래서는 안 되지!', '학생이라면 그래서는 안 되지!'등. 이것은 사람들 각자가 친구, 학생은 이렇다 하고 내린 정의와 맞지 않을 때 하는 얘기들이지.

그리고 그런 상황에 대해 심각하게 걱정하고, 분노하게 되면 그것으로 인한 스트레스는 커진다는 거야.

내가 얘기하고 싶은 것은 과연 사람들은 이런 정의를 합리적으로 편견 없이 내리고 있느냐 하는 거야.

'혹시나 내가 주입된 학습이나 관습, 부족한 경험과 지식에 의해 잘못 내린 정의 때문에 인생을 피곤하게 사는 것은 아닐까?'하고 스스로에게 물어봐야 해.

그 물음에 '나는 충분히 그럴 수 있다'라고 생각해. 그래서 자기가 가지고 있는 정의를 잘 숙고해 보고 재정의할 필요가 있어.

자기가 정의를 내리는 거니까 걱정거리가 줄도록 정의를

내리면 되겠네요? 그러면, 정의에 따라 벌어진 일이 당연하게 받아들여져 별로 불안해할 일도, 화낼 일도, 짜증 부릴 일도 아니게 되어 편안한 마음을 유지할 수 있잖아요?

그건 아니지. 무조건 스트레스를 덜 받게 정의를 내리라는 게 아니라, 네가 스트레스를 받는 내용에 대해 이 정도로 스트레스를 받을 만한 일이 맞는지를 재점검해 보라는 거야. 스트레스를 덜 받기 위해 이해도 되지 않는 상태에서 정의를 바꾸는 것이 무슨 도움이 되겠니? 이해가 된다는 전제하에서 정의를 재정립해야 해. 또한 정의는 맞고 틀리는 문제가 아니기 때문에 얼마든지 다르게 생각할 수 있다는 것을 강조하고 싶어.

다음은 스트레스를 줄이는 두 번째 방법인 '정도의 문제'에 대해 알아보자.

❽

정도의 문제
(Matter of Degree-방법4)

· · ·

'정도의 문제'는 네가 스트레스를 받을 때 보다 폭넓게 생각해 보는 거야. 0%와 100%라는 양극단만 있다고 생각하지 말고, 그 사이에 무수히 많은 단계가 정도의 차이로써 존재한다는 것을 고려하라는 거지.

이를테면, 윷놀이에서 도 아니면 모만 생각하지 말고, 개, 걸, 윷도 고려하라는 겁니까?

그렇지. 나는 사람들이 극단적으로 생각하는 경향 때문에 과도한 스트레스를 받는다고 봐.

앞서 예를 든 삶에 대한 정의에 대해서도 행복과 고통 사이에 무수히 많은 지점이 존재한다는 것을 인지하고, 내 경우 어느 지점에 있는지를 합리적으로 생각해 보라는 거지.

실제로 사람들의 선택은 양극이 아닌, 둘 사이 어느 지점이 될 수 있다는 거야.

너는 어때? 행복과 고통을 양극으로 놓고 삶의 정의를 그 사이에서 각각의 비중으로 표시하면?

글쎄요. 저는 대략 얘기하자면 행복 20%, 고통 80% 정도인 것 같은데요.

너는 삶에 힘든 부분이 더 많다고 생각하는구나.

그렇죠. 그런데 오늘 선배님이 삶에 대한 행복과 고통의 비율을 물어보셔서 대답하긴 했지만, 제 입으로 고통이 80%라고 말하고 나니, 사는 거에 대해 좀 편안한 느낌이 드네요.

그동안 너는 삶은 행복해야 한다고 생각하고 있었는데, 그것이 너에게 스트레스를 주고 있었나 보네.

이때, 나태해지거나 자기가 할 일을 하지 않는 것에 대해 면죄부를 줘서는 안 돼. 핵심은 비합리적으로 받는 지나친 스트레스를 줄이는 거야. 이점 꼭 기억했으면 좋겠다.

다음으로 스트레스를 줄이는 마지막 방법인 '수용의 문제'에 대해 알아보자.

수용의 문제
(Matter of Acceptance - 방법5)

긍정

. . .

'수용의 문제'는 필연적인 것, 이미 일어난 일, 어찌할 수 없는 것은 저항하지 말고, 당연하게 받아들이라는 거야.

여기서 수용은 자신에게 부정적인 것, 안 좋은 것을 수용하라는 거야. 긍정적인 것, 좋은 것은 수용하지 말라고 해도 자연스레 수용할 거고, 피로감도 당연히 없겠지.

모든 사람은 불행한 일이 자신에게는 일어나서는 안 된다고 생각하지. 그리고 자신은 대비를 잘하고 있으니까, 아니면 자신은 특별하니까, 또는 운이 좋으니까 불행한 일이 안 일어날 거라고 믿고 싶어 해. 하지만 합리적으로 생각하면 불가능한 일이야. 어떻게 특정한 사람한테만 불행한 일이 안 일어난다고 100% 장담할 수 있겠어. 사고, 병, 실연, 파산, 사기, 불합격 등 불행한 일이 실제로는 안 일어날 수도 있지만 일어날 수도 있다는 거야.

본인의 삶에 불행한 일이 존재할 수 있음을 받아들이지 못하는 사람은 불행한 일이 자신에게 일어날까 봐 매우 걱정하며 살게 돼. 하지만 불행한 일이 없기를 바라지만, 나에게 생길 수도 있다고 합리적으로 생각하고 받아들인 사람의 경우는 훨씬 걱정을 덜하며 살아가겠지. 더 나아가 위 두 경우에, 실제로 불행한 일이 생겼을 때 느끼는 피로감의 정도는 하늘과 땅 차이야.

불행한 일이 자신에게 일어나서는 안 된다고 생각하는 사람은 이런 불행이 자신에게 일어난 자체를 받아들이지 못하기 때문에 이렇게 된 데에는 특별한 원인이 있을 거라 생각해. 그래서 인과 관계를 통해 그 원인을 밝혀보려고 노력하지만, 대부분의 경우에 원인은 복합적이라 알아내기 어렵고 추정할 수밖에 없어. 결국 뚜렷한 원인을 밝히지도 못한 채 상당한 시간 동안 자신을 괴롭히고 고통스러운 삶을 살게 되는 거야.

불행한 일이 나에게 일어나지 않길 바라지만, 일어날 수 있는 일이라고 생각하며 수용하는 사람은 비교적 쉽게 불행을 받아들이고, 그 불행을 처리하는 데 집중할 수 있어. 그렇다고 해서 불행으로 인한 고통이 없어지지는 않지만, 고통을 받아들이지 못하는 것에 대한 고통은 줄일 수 있다는 거야.

어찌할 수 없는 것에 스트레스받지 말고, 만약 일어난다 해도 그냥 받아들이고 처리에 힘쓰라는 거지요? 그게 덜 피로하다는 거잖아요.

맞아.

보통 사람들이 안 좋은 일을 당했을 때 수용하기까지 부정, 분노, 타협, 우울의 4단계를 거친다고 해.

예를 들어 병에 걸리면, '나는 병에 걸린 게 아닐 거야'와 같이 그 병에 걸린 것을 '부정'하게 되지. 그다음은 내가 병에 걸린 것에 대해 '분노'하고 더 시간이 지나면 '내가 지금 해야 할 일이 있는데 이 병으로 인해 1년간은 영향이 없었으면'하고 바라는 병과의 '타협'단계를 거친다는 거야. 타협 단계도 아무 쓸모 없다는 것을 깨닫고 나면, 내가 이런 병든 상태에 있다는 것에 대해 '우울'함을 느끼는 단계를 맞게 되지. 이 단계를 지나서야 비로소 내가 병에 걸린 것을 현실적으로 받아들인다는 거야.

물론, 사람에 따라 이런 단계가 어느 정도 축소될 수도 있고, 걸리는 시간도 다양하겠지만, 할 수 있다면 단계와 시간을 최소화하는 것이 스트레스를 덜 받는 최선의 방법이라 생각해.

말씀을 듣고 '수용의 문제'에 대해 이해했습니다만, 제가 과연 이해한 만큼 마음을 잘 다스릴 수 있을지는 모르겠네요.

이해한 다음부터는 실행의 문제이고, 이건 개인차가 있을 수밖에 없는 부분이야.

여기까지가 수용에 대한 설명이고, 수용할 때 고려해야 할 중요한 요소가 있어. 그건 바로 '긍정'이야.

안 좋은 일이 일어났을 때, 그냥 받아들이고 처리하는 것보다, 이 일이 안 좋은 일이지만 나에게 도움이 되는 면이 있을 수 있다고 긍정적으로 생각하면서 처리해 나가면 훨씬 피로감이 준다는 거지.

내가 구체적으로 예를 들어볼게. 네가 병에 걸렸어. 너는 나름대로 건강관리를 잘 해왔기 때문에 병에 걸렸다는 것을 더 받아들이기가 어려워. 그러나 이때 중요한 것은 과거에 집착해서 자책하지 말고 빨리 병을 수용하고, 처

리, 즉 치료에 집중하는 거지. 그에 더해서 '그나마 건강 관리를 해왔으니, 이만할 수 있어 다행이다'라고 생각하는 거야. 이번 사건이 그동안의 잘못된 습관을 고치고 앞으로 더 건강해지는 계기가 될 수 있다는 긍정적인 면을 부각함으로써 치료로 인한 피로를 덜어낼 수 있어.

수용하기도 쉽지 않은 상황을 긍정적으로 보라고 하시니 정말 쉽지 않겠는데요.

쉽지 않지. 휴식하는 방법을 찾는 것도 중요하지만 효과를 보기 위해서는 찾은 방법을 실행하고 자신에게 맞게 조정해서 지속하는 것이 더 중요해. 그래서 네가 마음먹은 것을 실행하고 지속하는 데 도움이 되는 '연습'에 대해 조금 이따 설명해 줄게.

그전에 지금까지의 내용을 간단히 정리해 보자.

피곤함을 느껴 편히 쉬고 싶을 때 그 대상이 몸이면 시간을 내서 쉬면 되고, 머리면 '호흡'과 '생각 지연'의 2가지

방법을 활용하여 휴식한다.

일상생활에서 피로감을 덜 느끼기 위해서 몸의 건강을 유지한다. 이를 위해 '규칙적인 생활'을 하고, '잠', '음식', '운동'을 중점적으로 관리한다.

일상생활에서 받는 과도한 스트레스를 줄이기 위해서 '정의의 문제', '정도의 문제', '수용의 문제'라는 3가지 방법을 통해 이전과는 다르게 스트레스를 인지해 본다.

혹시 이해가 안 되는 부분이 있니?

아니요. 이해는 다 했습니다.

그러면 이제 '연습'에 대해 얘기를 나눠보자.

연습의 힘

너는 '연습의 힘'이란 말을 들어본 적이 있어?

들어본 적은 없지만, 대략 생각해 보면 '연습하면 더 잘하게 된다'라는 뜻이 아닐까요?

맞아. 나는 연습을 지속해서 하면 점점 더 향상된다고 굳게 믿고 있지. 그 결과가 기대에 못 미칠 수는 있지만 조금씩이라도 향상되는 방향으로 가고 있다는 것을 확신해.

물론, 연습은 하는데 나아지는 느낌이 없을 때도 있지. 그때 많은 사람이 연습을 소홀히 하거나 포기하는데, 좋아진다는 믿음을 갖고 꾸준히 연습하니 갑자기 어느 시점에서 상당히 나아진 경우를 많이 봤어.

한 예로 외국어 듣기 공부를 할 때 실력이 잘 늘지 않는다는 느낌이 들어도 실망하지 않고 연습을 지속하다 보면 어느 순간부터 외국어가 잘 들리기 시작했다는 이야기를 많이 들었어. 해뜨기 전이 가장 어둡다는 말이 있는 것처럼, 개선이 없다고 좌절하지 말고 꾸준히 하는 것이 중요해.

내가 제시한 휴식하는 2가지 방법, 건강을 유지하기 위한 3가지 중점 관리 사항, 과도한 스트레스를 줄이는 3가지 방법 모두 연습을 통해서만 효과를 얻을 수 있어.

지금까지 설명을 들으면서 선배님이 제시한 방법을 제 생활에 적용하는 것은 '한 번에 되지는 않겠구나' 하는 생각을 하고 있었습니다. 그래도 선배님 말씀대로 꾸준히 연습하면 저에게 맞는 방법을 찾을 수 있을 것 같아요.

그렇게 생각하면 다행이다. 가장 좋은 것은 연습을 지속해서 연습이 습관이 되는 것이야. 그렇게 되면 의식하지 않고 조건만 맞으면 바로 연습하고 있는 너를 보게 될 거야.

이론은 여기까지만 하고 실제 너의 사례를 가지고 내가 제시한 방법을 적용해 봄으로써 이론을 네 것으로 만들어 보자.

내 스스로 스트레스를 받는 대상에 대해 정리해 보고, 또 남의 경우도 살펴보니까, 대략 5개의 대상으로 집약되는 것 같아. 그 5가지 대상은 '죽음 스트레스', '불확실한 미래 스트레스', '사람 스트레스', '일 스트레스', '자신 관련 스트레스'야. 이 외에도 다양한 스트레스가 있겠지만 시간상 이 5가지에 대해 너의 경우를 가지고 얘기해 보면

좋을 것 같아.

좋습니다. 저도 선배님이 말씀해 주신 방법들이 제 경우에 어떻게 실제로 활용되는지를 알면 도움이 많이 될 것 같아요.

그럼, 첫 번째 '죽음 스트레스'부터 시작해 보자.

제 2 장

사례

❶ 죽음(확실한 미래) 스트레스

지훈아! 처음 사례로 좀 무겁긴 하지만 죽음은 인간에게 매우 근원적인 문제야. 이는 모든 사람이 생각해 보는 주제이기 때문에 의견을 교환한다는 마음으로 이야기해 보면 좋을 것 같아. 너는 죽음에 대한 스트레스는 없니?

죽음에 대해 떠올리면 매우 두렵고 무서워요. 이것 때문에 지속적으로 스트레스를 받진 않지만, 문득문득 떠올릴 때마다 마음이 편치 않고, 그것에 대한 스트레스의 강도가 센 편입니다. 죽음에 대한 스트레스에서 벗어나기 위해 무언가 나름대로 내 생각을 정리해야 한다고 느끼고 있어요. 하지만, 죽음이 가져다주는 공포 때문에 차일피일 미루고 있었는데, 선배님하고 같이 얘기하면서 제 생각을 정리해 보고 싶습니다.

그래. 중요한 것은 네가 죽음을 자연스럽게 받아들이고, 이에 대해 스트레스를 심하게 받지 않는다면 같이 생각해 볼 필요가 없겠지만, 너의 경우는 그렇지 않다고 하니 죽음에 대해 합리적으로 생각해 볼 필요는 있을 것 같아.

사람이 죽는 이유가 뭐라고 생각하니?

수명이 다해서 그런 거 아니에요?

맞아. 물론 병이나, 사고 등 사람마다 직접적인 사망의 원

인이 있겠지만, 더 근원적인 원인은 사람은 생명체라 유한하기 때문이지. 다르게 표현하면 '태어났으니까 죽는다'라고 할 수 있어. 생명체로 안 태어났으면 죽지도 않겠지.

자기가 죽는다는 사실을 모르는 사람은 없지만, 확실히 인지하면서 사는 사람은 드물어. 사람들은 죽고 싶지 않기 때문에 죽는다는 사실을 멀리하고 싶은 거야.

맞아요. 저도 오늘 선배님이 죽음에 관해 얘기해 보자고 하지 않았다면 죽음에 관한 생각을 미루고, 문득 떠오를 때마다 스트레스를 받았을 거에요.

아이러니하게도 사람들은 미래에 무슨 일이 일어날지를 알지 못하기 때문에 스트레스를 받지만 이와 달리 죽음은 미래에 일어날 것이 너무 확실해서 스트레스를 받는 거지. 이렇게 확실한 사실을 네가 받아들이지 못하고 저항하기 때문에 스트레스를 받는 거야. 스트레스의 정도는 네가 저항하는 세기에 비례한다고 보면 돼.

이런 저항을 완화하기 위해서는 지속적으로 죽음을 상기시켜 봄으로써 죽음은 특별한 것이 아니고 자연스러운 것이라는 걸 너에게 인지시켜야 해.

'We Croak'이라는 앱이 있는데, 매일 5회 죽음에 대한 영어 인용구를 보내줘. 부탄에는 '행복해지려면 매일 5번씩 죽음을 생각해야 한다.(They say contemplating death five times daily brings happiness.)'라는 말이 있는데, 이것에서 영감을 받아서 앱을 만들었다고 해. 죽음을 일상으로 끌어들이기가 쉽지 않다는 것을 역설적으로 보여 주는 예라고 생각해.

지훈아! 우리나라에서 하루에 몇 명 정도가 죽는지 생각해 본 적 있니?

한 100명 정도 되나요?

2022년 통계를 보면 우리나라 1일 평균 사망자 수가 1,021명이나 된대. 우리나라에서 매일 1,000명 이상씩

죽는다는 사실을 볼 때 죽음이 특별한 일이 아니라고 생각할 수 있지.

선배님 말씀을 듣고 보니, 죽음에 대해 좀 편해진 느낌이 드네요. 내가 죽는 것을 두려워하든 두려워하지 않든 또 내가 아무리 죽음에 대비해도 결국 죽는다는 거잖아요. 내가 어찌할 수 없고, 아무리 노력해도 가능성이 없으며, 또 지금까지 한 번도 예외가 없는 일에 지나치게 신경을 썼네요. 죽음은 선배님이 설명해 주신 '수용의 문제'를 생각했더라면 도움이 많이 됐을 것 같아요. 이제 확실히 이해했으니, 잊지 말고 활용해 볼게요.

그래. 배운 것을 자꾸 써봐야 늘지. 그런데, 지훈아! 죽음을 자연스럽게 받아들이고 죽음을 인지하면서 사는 사람은 뭐가 다를까?

글쎄요. 삶의 방식이나 태도가 매우 다를 것 같은데요. 사소한 일에 목숨 안 걸고, 좀 더 대범해지며 자기 내면의 소리에 귀 기울이며 살지 않을까요?

맞아. 자기가 중요하다고 생각하는 것을 중심으로 살려고 하겠지. 또한 그런 사람들은 내가 생각하기에 살아있는 걸 고맙게 여길 거야.

각자의 위치에서 힘들지 않은 사람이 어디 있겠어? 자기 어깨 위에 얹고 다니는 삶의 무게가 남과 비교해서 가볍다고 생각하는 사람이 얼마나 되겠니? 그렇지만, 죽음을 생각하면 삶의 무게가 다르게 느껴질 거야. 살아있는 걸 고마워하는 사람의 상태는 스트레스를 적게 받는 최적의 상태이자 편안한 삶을 사는 지름길이라고 할 수 있지.

나는 오늘 너랑 죽음을 수용하는 것에 대해서만 간략히 얘기했지만, 사실, 죽음은 삶, 종교와 같이 인간에게 쉽지 않은 주제임은 틀림없어.

삼성그룹 이병철 회장이 죽기 2개월 전 종교에 대한 24개 질문을 적어 가톨릭 신부에게 전달하고, 가까운 시일 내 답을 듣고자 했어. 그런데 병이 악화되어 만남이 성사되기도 전에 돌아가셨지. 24가지 질문을 보면 너도 공

감하겠지만, 인간이라면 누구나 궁금해할 근원적인 내용이라는 것을 알게 될 거야. 삼성그룹의 회장이 얼마나 바쁘고 할 일이 많겠어. 하지만, 인간인 이상 비슷한 궁금증을 가지고 산다는 거야.

죽음은 쉽지 않은 문제이기 때문에 시간을 두고 생각해 볼 필요는 있어. 오늘 한 이야기를 기반으로 네가 죽음에 대해 다시 생각하고 정리해 봤으면 좋겠다. 그럼, 이제 두 번째 사례인 '불확실한 미래 스트레스'로 넘어가자.

불확실한 미래 스트레스

• • •

선배님이 우리가 미래를 알지 못하기 때문에 불안해한다고 하셨잖아요. 저도 제 미래가 어떻게 될지 확신이 없어 매우 걱정하는 타입이에요. 미래에 대한 스트레스를 줄이고 싶어요.

지훈아! 미래의 속성은 확실한 것일까? 불확실한 것일까?

미래는 대부분이 불확실하지만, 죽음 같이 100% 확실한 것도 있으니, 이것도 선배님이 얘기해준 '정도의 문제'에 따라 두 극단 사이에 있겠죠.

그래. 미래를 확실과 불확실의 백분율로 표현하면 너는 몇 대 몇으로 생각하니?

글쎄요, 제 경험상으로는 어떤 일이든지 계획한 그대로 실현된 것은 거의 없는 것 같아요. 변수들이 생겨서 약간씩 변경되기도 하고, 전혀 다른 방향으로 진행된 경우도 많으니까요. 저는 미래를 95% 이상 불확실하다고 봐요.

자 너도 미래가 거의 불확실하다는 것을 확신하고 있잖아.

그런데 왜 불확실한 미래 때문에 스트레스를 받지? 원래

미래는 불확실하고, 무슨 일이 일어날지 모르는 게 당연한 데. 좋은 일도 있을 수 있고 또 안 좋은 일도 일어날 수 있겠지. 너도 잘 알고 있잖아?

그러네요. 제가 왜 스트레스를 받았을까요?

내가 볼 때 너는 미래가 불확실해서 스트레스를 받는 게 아니고, 미래가 불확실하니까 혹시라도 너에게 안 좋은 일이 생기면 어떻게 하지 해서 스트레스를 받은 거 아니니?

그런 것 같아요. 미래에 좋은 일만 생긴다고 생각하면 스트레스받을 일이 있겠어요? 제가 무엇 때문에 스트레스를 받아왔는지도 모르고 있었네요. 한심하게.

사람들은 구체적으로 깊이 생각했다고 인식하지만, 실제로는 피상적으로 생각한 경우도 많아.

내가 과거에 들은 얘기를 해줄게. 다국적 기업의 본사에

서 외국인 사장을 2~3년 주기로 한국지사에 파견하던 시기였어. 그런데 외국인 사장이 부임하면 한국 임원들과 사이가 매우 안 좋다는 거야. 한국 임원들이 상황을 보고하면, 이해가 안 되는 부분이 많았기 때문이지. 특히, 한국 임원들이 어제 일이 잘되고 있다고 보고했는데, 일주일 뒤 상황이 바뀌어서 어렵다고 하니, 불확실성이 너무 커서 외국인 사장으로서는 상황을 판단하기가 어려웠던 거지. 그래서 대부분의 외국인 사장은 이것을 극복하지 못하고, 스트레스를 받으며 하루빨리 파견 기간이 끝나 다른 나라로 가기만을 바랐다는 거야. 그런데 한 이탈리아 출신 사장은 상황이 수시로 바뀌는 것을 재미있어했대. 오늘 잘 되는 일이 이틀 뒤 잘 안될 수도 있지만, 오늘 잘 안된 일이 내일은 잘 될 수도 있으니, 아침에 일어나면서 오늘은 또 무슨 일이 벌어질까 흥미로워했다는 거야.

그 이탈리아인 사장은 한국의 상황을 역동적으로 인지하고, 한국에 있는 동안 불확실성에 대해 별 스트레스 없이 잘 지내다 갔대. 이탈리아인 사장은 미래의 불확실성에 대해 긍정적인 면을 봤고, 다른 외국인 사장들은 부정적

인 면을 더 부각해서 봤기 때문이 아닐까?

이처럼 어떻게 인지하느냐에 따라 상황이 달리 보일 수 있는 여지가 있으므로 다양한 시각으로 생각해 보는 것이 필요해.

그러네요. 제가 불확실한 미래에 대해 스트레스를 받은 건 미래에 나한테 좋지 않은 일이 일어나는 것에 대한 걱정 때문이잖아요? 그건 선배님이 들려주신 외국인 사장의 예처럼 미래를 부정적으로 정의한 것과 같고 제가 이탈리아 출신 사장처럼 미래를 긍정적으로 정의하면 미래에 대해 제가 받는 스트레스는 줄 것 같아요. 미래에 좋은 일이 더 많을 것 같다는 생각을 해 보지 않았는데 한번 해 봐야겠네요. 미래는 불확실하므로 좋은 일도 있을 수 있고, 나쁜 일도 있을 수 있다고 확실히 인지만 해도 미래에 대해 과도한 스트레스는 받지 않을 것 같아요.

그래. '정의의 문제'를 잘 활용하면 그동안 얼마나 짜인 틀 안에서 사고했는지를 알게 될 거야. 물론, 불확실성의

긍정적인 면을 보든 부정적인 면을 보든 불확실성에 대비해야 하는 것은 당연한 일이고, 그건 각자의 몫이야. 그리고, 불확실성에 대비를 했더라도 기대한 것만큼 결과가 좋지 않을 수도 있지만, 운동을 하면 건강에 좋듯이 대비를 하지 않는 것보다는 낫다는 것을 잊지 마.

네. 저도 불확실하다고 해서 대비를 소홀히 해서는 안 된다고 생각하고 있습니다. 할 수 있는 데까지는 해야죠. 그런데 미래에 무슨 일이 일어날지 매우 궁금한 것은 사실이에요. 미래를 알았으면 좋겠어요.

그건 모든 사람이 다 알고 싶어해. 그래서 점도 보고, 사주도 보는 거야. 나는 선거에서 투표가 종료되자마자 출구조사를 발표하는 것을 볼 때마다 사람들이 얼마나 미래에 대해 궁금함을 못 참는지를 새삼 느끼곤 해. 반나절만 기다리면 당선이 거의 확정돼서 나오는데 그걸 기다리지 못하고 방송국마다 막대한 시간과 비용을 들여 당선자를 추정해 내잖아.

수요가 있는 곳에 공급이 있는 거 아닙니까? 사람들의 궁금증을 어떻게 막겠어요.

아무도 못 막지. 사람들이 미래에 대해 알고 싶어하는 욕구를 멈추지 않기 때문에 이에 상응해 미래를 예견하는 일도 없어지진 않을 거야.

맞아요. 그런데 점이나 사주를 보고 나면 좋은 얘기는 상관없지만 '무엇을 주의해라. 또는 안 좋다'라는 얘기를 들으면 신경이 쓰이고, 생활도 제약을 받아 스트레스를 느껴요.

사람은 안 좋은 말을 들으면 계속 생각이 나고, 주의하게 돼. 점이나 사주를 보고 나면 안 좋다는 것은 잊어버리라고 하는데, 앞서 휴식하는 방법에서도 얘기했지만, 생각을 통제하는 것은 쉽지 않아.

네가 미래에 대한 안 좋은 말을 듣고 받는 스트레스를 줄이려면 '정의의 문제'를 활용해 봐.

잘 이해가 안 되는데요. 어떻게 활용하죠?

네가 스트레스를 받는 이유가 뭘까?

예견한 안 좋은 일이 미래에 실현될까 봐 그런 거죠.

그래. 미래에 실현될 수 있다고 생각하는 것은 네가 점이나 사주는 믿을 만하다고 정의하고 있기 때문이야. 맞아?

어느 정도는 믿을 만하다고 생각하고 있죠.

네가 이것 때문에 받는 스트레스를 줄이려면 '정의의 문제'를 활용해서 기존의 정의를 합리적으로 재정립해 볼 필요가 있어. 네가 다시 합리적으로 생각한 후에 '점이나 사주는 믿을 만하지 못하다'라고 재정의하면 안 좋은 말을 들어도 조심할 필요도 없고, 행동에 제약도 없겠지. 스트레스도 덜할 거고. 아니면 믿지 않기 때문에 점이나 사주를 볼 일도 없어 안 좋은 얘기를 들을 일도 없겠지. 이해되니?

이제 이해했습니다. 합리적인 생각이 '점이나 사주를 믿느냐, 안 믿느냐'에서 갈리는 거네요.

맞아. 앞서 '정의의 문제'에서 '정의는 맞고 틀리는 문제가 아니라, 생각이 다름의 문제'라고 한 것 기억나니? 네가 어느 쪽으로 결론을 내리더라도 잘못된 것은 아니야. 다만 생각을 바꿔 스트레스를 줄이는 게 목적이지. 나는 점이나 사주를 포함해서 불확실한 미래를 예견하는 것을 믿지 않아. 너와는 다른 입장이니 내가 왜 그렇게 생각하는지를 설명해 볼 테니까 들어보고 다른 면을 보는 데 도움이 됐으면 해.

지훈아! 바넘(Barnum) 효과라고 들어봤니?

아니요.

바넘은 19세기 말 미국의 엔터테인먼트 사업가로 사람들의 성격을 알아맞히는 재주로 유명했어.

그 비결은 애매한 표현을 사용하는 것이야. 누구에게나 해당하는 일반적인 성격 묘사를 하게 되면 사람들이 자신의 성격과 정확히 일치한다고 생각하는 경향을 이용한 거야.

예를 들면 '때때로 당신은 외향적이고 붙임성 있으며 사교적이지만, 때로는 내향적이고 사람을 경계하며 위축되기도 한다'와 같이 성격을 묘사하면 대부분의 사람이 자기의 성격을 제대로 파악했다고 생각을 하는 거지.

좀 더 확장해서 생각해 보면, 미래에 대한 예견도 '서쪽에서 오는 귀인이 당신을 도울 겁니다'와 같이 애매한 표현을 사용하여 정확성을 높인다고 볼 수 있어.

다른 예를 들어볼게. 16세기 프랑스 출신인 노스트라다무스는 유명한 예언가로 알려졌지만, 그가 한 예언의 정확도와 적중률을 알아야 그의 명성에 대한 평가를 제대로 할 수 있다고 생각해. 사람들은 맞춘 예언을 확대 포장해서 이야기하고, 맞추지 못한 수많은 예언에 대해서는

별 관심을 두지 않아.

이 두 예에서 보듯이 점이나 사주도 애매한 표현을 사용하거나 결과를 보고 예언을 확대 해석하는 등 사람들의 호기심에 대응하는 것이라고 생각해. 이러한 이유로 나는 점이나 사주를 믿지 않아. 그래서 점이나 사주도 잘 보지도 않지만, 점을 보고 '올해에는 물가에 가지 말라'라는 말을 들었다 해도 수영장, 강, 바다에도 가고, 심지어 유람선 여행을 가도 큰 스트레스를 받지 않지.

알겠습니다. 저도 다시 한번 잘 생각해 볼 필요는 있는 것 같아요.

내가 너에게 조언하자면, 미래는 불확실한 상태로 그대로 두고 '수용의 문제'에 집중하는 것이 편안한 삶을 사는 데 도움이 된다고 생각해. 돌이킬 수 없는 지나간 어제에 연연해하지 말고, 아직 다가오지 않은 내일도 너무 걱정하지 말고, 조절이 가능한 오늘에 힘을 쓰라는 거야. 삶의 중심을 미래나 과거에 두지 말고 현재로 옮겨 봐.

현재에 집중하는 것을 느끼기 위해, 사람을 만나면 딴생각하지 말고 그 사람에게 집중하고, 식사할 때는 식사에 집중하고, 운전할 때는 운전에 집중하려고 노력해 봐. 내가 앞서 피곤함을 느낄 때 호흡해 보라고 했잖아? 의식을 가지고 호흡에 집중한다는 것은 현재를 느낄 수 있는 최상의 방법이야.

또 호흡의 위대함이 나오네요.

그러게. 계속 좋다는 얘기만 나오네. 미래에 대한 스트레스 얘기는 여기까지 하고 세 번째 사례인 '사람 스트레스'로 넘어가 보자.

사람 스트레스

감정 전달 / 절충

. . .

지훈아! 사람에 대한 스트레스를 많이 받니?

많이 받는 편이라고 생각해요. 제가 받는 스트레스를 100이라고 한다면 사람에 대한 스트레스가 50은 넘을 거예요.

그래, 사람 때문에 받는 스트레스가 만만치 않지. 물론 다른 이유도 많겠지만, 사람에게 받는 스트레스는 대부분 모두가 너무나 각양각색인 것에서 비롯되는 경우가 많지.

사람들이 너와 같은 생각, 같은 행동, 같은 말을 한다면 사람으로 인해 받는 스트레스가 크지 않을 거야.

그렇네요. 모두가 나와 같다면 사람들의 생각, 행동, 말을 충분히 이해할 수 있으니 인간관계에 별 어려움이 없을 것 같아요. 물론, 스트레스도 거의 없겠네요.

그런데 현실은 그렇지 않다는 거지.

전 세계 인구가 80억 명이라면, 80억 개의 다른 얼굴이 존재하듯이, 80억 명 모두가 각자 다르다고 생각하는 것이 맞아.

얼굴이 눈, 코, 입으로 구성되어 물론 비슷하게 생긴 사람도 있지만, 자세히 살펴보면 길이, 색깔, 모양 등이 조금씩 달라 하나의 독립된 개체로서 충분히 구분이 되잖아.

사람들이 일부 사안에 대해 비슷한 생각을 할 수는 있지만 모든 사안에 대해 같은 생각을 할 수는 없어. 어느 부분에서는 나눠진다는 거야.

다양한 생각과 말, 행위가 존재하기 때문에 비슷하게 인지되는 사람일지라도, 미세하게는 다르다는 거야.

선배님 말씀은 '정도의 문제'를 적용해 보면 1번부터 80억 번까지, 미세하게 다르다는 거죠?

맞아. 사람은 어느 정도까지만 서로 비슷하다는 거지.

그래서 공통점을 가지고 사람을 4가지 혈액형으로 구분하기도 하고, 요즘 젊은 사람들이 좋아하는 MBTI는 16가지로 구분해 보기도 하는데 80억이라는 인구수를 고려해 보면, 그 정확도를 감안해서 받아들일 필요가 있지.

제가 생각해도 사람들은 워낙 다양한 속성을 지니고 있기 때문에 어떻게 구분하든지 조금씩은 걸쳐 있는 것 같아요. 선배님이 앞서 설명해 주신 '바넘 효과'도 걸쳐 있는 속성을 애매하게 표현해서 사람들을 설득한 거잖아요.

그런데, 저도 인간이 다 다르다고 생각하고 있는데 왜 다름에 대해 스트레스를 받을까요?

그건 확실하게 인지하지 못해서 그래. 오랜 투병 생활을 하고 회복된 사람은 그냥 별 탈 없이 지내는 사람보다 건강이 중요하다는 것을 확실히 인지하고 있다고 볼 수 있지.

그래서 사람들이 다르다는 것을 확실히 인지하는 정도에 따라 받는 스트레스의 강도가 달라질 수 있다고 생각해. 이와 관련해서, 우선 남녀 간의 차이부터 알아보자.

남자와 여자는 왜 다르지?

성이 다르잖아요?

맞아. 같은 인간이지만 신체 구조가 다르지. 콕 집어서 얘기하면 생식기가 다르잖아. 여자는 아이를 잉태하고 출산할 수 있다는 것이 신체상 남자와 확연히 구분되는 점이고, 나는 이것이 남녀가 같은 인간이지만 다를 수밖에 없는 주된 요인이라고 생각해.

의학적으로 설명할 순 없지만 만약 인간 모두가 같은 신체 구조를 가져, 아이를 잉태하고 출산하는 것이 각자의 선택이라면 성별이 있을 수 없지.

우리가 보통 얘기하는 남자는 대범하고, 여자는 소심하다는 이분법적인 생각은 신체 구조가 같다면 더 이상 남녀의 구별에 따른 것이 아니고, 인간 자체의 성향이 다름에서 온 것으로 여겨질 거야.

그러니 다른 신체 구조를 가진 남녀는 기본적으로 생각이 다르고, 정서가 다르며, 상황을 인식하는 것이 다른 게

당연하지 않을까?

저는 그렇게까지는 생각해 보지는 않았는데 듣고 보니 그럴 수도 있다는 생각이 이상하게 드네요. 그러니 선배님 말씀은 일단 남녀는 다른 신체 구조로 인해 생각, 말, 행동에 차이가 있을 수 있다는 것을 확실히 인지하고 수용하라는 거죠?

그래. 너의 배우자가 너와 다른 생각, 다른 말, 다른 행위를 하더라도 '나하고 산 세월이 얼마인데 왜 그런 생각을 하지?'와 같은 의문을 품지 말고 일단 '남녀는 다르다'라고 생각하고 수용하라는 거야. 수용이 안 되면 화나 짜증을 내기보다는 이유를 부드럽게 물어보면 돼.

잠깐만요. 선배님 말씀은 이해가 되지만, 저도 아내가 저와는 너무 달라서 의견 일치가 안돼 짜증 나는 경우가 다반사예요.

지금 네말은 다르다는 것을 이해한다면서도, 실제로 다른

생각, 말, 행동을 접하면 짜증이 나거나 화가 난다는 거잖아. 왜 그럴까?

우리가 서로 다르다는 건 이해하지만, 자꾸 잘못되거나 틀린 모습을 보아서 그런 거 같아요.

누구 기준으로 잘못되거나 틀린 건데? 너의 기준?

제 기준이라기보다는 객관적인 기준, 또는 사회에서 통념적으로 인정되는 기준에서죠.

사람들은 대부분 자기를 중심에 두고 지구를 돌린다고 보면 이해가 쉽겠니? 객관적이라는 것도 각자의 입장에 따라 달라질 수 있고, 사회적 통념도 그 경계가 모호해.

사람들이 팩트(Fact), 사실이라고 하는 것은 매우 제한된 내용이야. '이 방에 그림이 2개 걸려 있다', '너와 나는 1시간 전에 만났다'는 사실이야. 하지만 '이방이 아늑하다', '나와 이야기해서 유익하다'등은 주관적인 내용이지.

객관적이라는 표현은 널 주관적이라는 의미를 가진다고 생각해. '이방이 아늑하다'라고 1,000명이 말한다고 해서 객관성을 갖는 게 아니잖아.

그러면 선배님은 아내가 제 기준에 맞지 않아서, 제가 짜증이 나고, 화가 난다는 말씀이세요?

맞아. 그리고 네가 사람은 다르고, 특히 남녀는 더 다를 수밖에 없다는 것을 뼈저리게 인식하지 못해서 그래.

부부간에 이견이 있는 것은 당연하니 이런 상황에 대한 스트레스는 받지 말고, 이견을 풀어나가는 방법을 모색하는 과정에서 받는 스트레스는 어찌할 수 없다는 거지.

그래도 부부는 '일심동체'라고 하는데 너무 달라서 짜증이 나요.

그건 부부가 일심동체가 되면 좋다는 뜻이지, 어떻게 부부가 일심동체가 되겠니? 마음이 맞는 부분도 있고, 안

맞는 부분도 있겠지. 부부가 처음에 다른 상태에서 시작해서 차차 서로 맞춰 가기도 하고, 무슨 이유에서든지 맞추는 것이 어려운 경우도 많아.

'정도의 문제', 1번에서 80억 번, 이것만 생각해.

그리고 네 뜻에 맞아야만 일심동체니? 네가 배우자의 뜻에 맞춰도 일심동체지.

내 말은 배우자가 너와 다르다는 것에 대해서는 스트레스받지 말고, 일치를 이루는 과정에 집중하라는 거야.

부부간의 다툼을 줄일 수 있는 방법을 하나 알려줄까?

네. 알려주세요. 결혼한 지 3년 됐으니까 아직 신혼이라고 할 수 있는데 다툴 일이 많이 생기네요.

배우자가 어떤 얘기를 했을 때, 그에 대해 네가 느낀 것만 얘기하는 거야. 그리고, 그 느낌을 쉽게 이해할 수 있도록

비유를 해서 설명해주면 좋아. 네가 최근에 다툰 일 하나만 얘기해 봐. 그것을 가지고 다시 설명해 줄게.

최근에 저보고 아빠로서 아이 양육하는 데 신경을 하나도 안 쓴다고 하더라고요. 화가 나서 내가 신경 안 쓴 게 뭐가 있냐고 한바탕 했지요. 서로 자기 하고 싶은 말만 하고 끝났지만.

그때 네가 느낀 감정은 뭐니?

아빠로서 역할을 제대로 하지 못했다는 뜻으로 들려 매우 불쾌했고, 나름 아이 양육을 열심히 하고 있다고 생각했는데 그런 평가를 들으니 무척 억울했어요.

그래 거기까지만 얘기하라는 거야.

할 수 있으면 네가 느낀 감정을 비유로 들어 '마른하늘에 벼락을 맞은 거 같아'처럼, 당신이 그런 말을 하니 갑자기 뜻하지 않은 상황에서 큰 재난을 당한 것과 같은 기분이

들어 몹시 충격적이라는 너의 감정만 전달해. 그래서 배우자가 '내가 너무 심한 말을 했나?'하는 생각이 들 정도로 너의 느낌을 잘 전달하라는 거지.

그런데 네가 느낀 감정은 전달하지 않고, 화를 내고 배우자가 틀렸다는 것을 말했겠지? 그리고 이런 말을 했는지는 모르겠지만, '앞으로 그런 말은 하지 말라'라고 지시도 했을 거야.

당연히 틀린 말을 했으니까 하지 말라고도 해야죠.

틀린 것은 네 입장에서 그런 거고, 다르게 생각할 수 있으니까, 화를 내지 말고 배우자의 생각을 들어보고 차이가 있으면 좁혀 가야지.

감정만 전달하고, 틀렸다고 결론내지 말고, 지시도 하지 말라는 거야. 부부간에 둘 다 이렇게 감정만 전달하면 다툼이 훨씬 줄어들어.

내가 느낀 감정만 전달하고, 그 뒤 판단이나 요구사항은 말하지 말라는 거잖아요. 소통만 하고 해결은 안 하나요?

소통 없는 해결은 없어. 그러니 소통이 먼저야.

소통에 판단과 지시를 넣지 말라는 거야.

감정만 전달하고 그 뒤는 말하지 않는 게 무척 어렵지만, 그래도 효과는 있으니 노력해 봐.

어려울 것 같은데 한번 시도는 해 보겠습니다.

아이가 아직 어리니까 자식한테 받는 스트레스는 없겠네?

그렇죠. 지금은 너무 귀여워요. 하지만, 아이가 크면서 부모 말을 잘 안 들으면 엄청나게 스트레스받을 것 같아요. 어떻게 해야 할지도 잘 모르겠고요. 주위에 보면 사춘기 자녀와 갈등이 없는 가정이 거의 없는 것처럼 보여요. 저는 아이가 아직 어리지만, 자녀와의 갈등을 해소하는 방법을 알아두면 추후 자녀로 인해 받는 스트레스를 줄일 수 있을 것으로 생각합니다. 선배님이 앞서 말씀해 주신 방법을 활용해서 설명해 주시면 도움이 될 것 같습니다.

그래. 자녀를 키우면서 스트레스를 받지 않는 부모는 매우 드물 거야. 스트레스를 받는 다양한 대상이 있을 수 있지만, 그중 '자녀의 장래'로 예를 들어볼게. 자식조차도 부모와는 다르다는 것을 깊이 인지하고 시작해 보자.

부모는 장래에 자녀가 A가 됐으면 좋겠고, 아이가 원하는 건 B야. 그런데 부모의 경험과 지식, 또 자녀를 걱정하는 부모 관점에서 B로 가면 아이도 나중에 후회할 것 같은 생각까지 들어. 그러나 아이가 계속 B를 고집할 때 부모는 스트레스를 무척 받게 돼. 부모는 이해하기 쉽게 여러 번 설명하지만 결국 알아듣지 못하는 자녀에게 화를 내게 되지.

여기서 부모는 '아이는 틀렸다'라고 생각하기 때문에 아이가 부모가 말한 대로 하지 않는 거에 대해 스트레스를 받는 거야. 하지만, 아이는 부모와 다르니까 다른 진로를 택할 수 있는 게 당연해. 그래서, 그 부분에 대해서는 스트레스를 받지 말라는 거야.

부모가 집중할 것은 부모와 아이 사이의 간격을 줄이는 방법을 모색하는 거야. 이 방법을 써봐서 잘 안되면 또 다른 방법을 찾아봐야 해. 적합한 방법들을 찾기가 어려워서 스트레스를 받는 건 어쩔 수 없는 거지.

선배님 말씀은 부모 마음대로 안 되는 게 당연하다고 생각하고, 아이와 잘 절충하라는 거잖아요.

그렇게 이해해도 무방해.

아이도 자기가 이해하지 못하는 것을 행하기는 쉽지 않아. 아이가 부모의 강요로 A를 선택하면, 부모의 스트레스는 줄겠지만, 아이의 스트레스는 증가하겠지. 아이가 스트레스를 받는 걸 부모가 바라는 것은 아니잖아?

그렇죠.

부모가 바라는 건 아이가 스트레스를 받지 않고 A를 선택하는 거겠지만, 부모와 마찬가지로 아이도 이해가 안 되는 상태에서 부모의 의견을 따르는 게 쉽지 않아. 부모가 스트레스를 안 받으려고, 자녀를 향해 부모가 원하는 대로만 하라고 할 수는 없잖아.

아이와 절충한다는 생각은 안 해 봤어요. 당연히 부모가 경험도 많고, 지식도 많고, 또 아이를 사랑하니까, 부모 말대로 하는 것이 아이에게 좋을 거라고만 생각했어요. 하지만 아이는 부모와 다르니까, '정도의 문제'를 활용해서 절충할 필요는 있겠네요. 절충하는 것이 합리적인 방법 같아요.

가족 중에 부모나 형제로부터 받는 스트레스도 있을 수 있지. 부모나 형제와의 관계는 너의 자발적인 선택으로 인해 형성된 배우자나 자식과의 관계와 달리 네가 선택한 관계가 아니야. 주어진 환경을 너의 의지와 상관없이

받는다는 측면에서 보면 부모와 형제는 너와 더 다를 수 있다는 거지.

사람들이 소위 가족이라고 부르는 배우자, 자녀, 부모, 형제가 너와 다른 생각을 가진다는 것을 당연한 속성으로 인지하면 서로 다름으로 인해 가족으로부터 받는 지나친 스트레스는 줄일 수 있을 거야.

그러네요.

우리가 차분하게 정신 차리고 들여다보면 많은 일이 이해돼. 그리 스트레스받을 일도 아니야. 우리가 일하는 데 미리 절차를 만들고, 그 절차를 지키라고 하잖아. 그 이유가 사전에 여러 가지 경우의 수를 생각해 보고 일하는 데 있어서 가장 적합한 방법을 찾으려 하는 거지. 그래야 일의 결과가 좋으니까. 시간을 내서 스트레스받을 만한 일에 대해서도 사전에 차분하게 합리적으로 생각해 보는 것이 필요해.

오늘 주로 가족 관련해서만 설명을 들었는데 친구, 동료, 선후배 등 다른 인간관계로부터 받는 스트레스에 대해서도 시간을 내서 생각해 볼게요.

그래. 사람에 대한 스트레스는 네가 시간을 내서 추가로 더 생각해 보기로 하고, 네 번째 사례인 '일 스트레스'에 대해 얘기해 보자.

❹

일 스트레스

상황 파악 / 멀리서 보기 / 아모르 파티

· · ·

일 때문에 받는 스트레스는 없니?

왜 없겠어요? 집에 있는 시간보다 직장에서 일하는 시간이 더 많은데요.

요즘 직장에서 네가 받는 스트레스가 있으면 말해 볼래?

부장님과 사전에 계획한 대로 일을 진행했으면 하는데, 부장님 때문에 일이 뒤죽박죽돼서, 여러 차례 말씀드렸는데도 잘 개선이 안 되네요. 윗사람들하고 회의만 갔다 오면 일의 방향이 획획 바뀌어요. 바뀐 계획에 따라 일을 진행하다 보니 매번 일정에 맞추느라 힘들어서 스트레스도 많이 받고 있어요.

일에 대한 스트레스는 대부분 '정의의 문제'를 먼저 활용해 보는 게 좋아.

일에 대해 합리적으로 정의를 하면 불필요한 스트레스를 덜 받고 일을 할 수 있어. 그리고, 합리적으로 정의를 하려면 그 일을 하는 데 있어서 네가 어느 위치에 있는지를 잘 파악하는 것이 중요해. 주연인지 조연인지, 보조인지, 구색을 갖추기 위한 들러리인지, 방관자인지 등 자신의 역할을 명확히 파악해야 해. 물론, 그 위치는 하는 일에 따라 매번 달라질 수 있어.

자 먼저 네가 스트레스를 받는 일에 대한 상황 파악을 한 번 해 보자. 이 업무에서 네 역할과 부장의 역할은 뭐라고 생각해?

이 일은 실무자 선에서 부장님과 저하고 주로 하고 있으니, 부장님이 주연, 제가 조연 정도라고 생각해요.

결재 라인이 어떻게 되니?

본부장님 전결이니까 그 밑에 이사님, 부장님 이렇게 되네요.

그럼 내가 볼 때는 본부장님 주연, 이사님 조연, 부장님 보조 1, 너 보조 2가 맞을 것 같은데. 결재 라인에 있다는 건 결재하는 사람의 일이라는 거야.

그래도 부장님이 보조 1 역할을 한다는 것은 너무한 것 같은데요.

부장님이 너에게는 높아 보이지만 본부장님 시각에서 보면 다르겠지.

상사들은 성과로 평가받기 때문에 좋은 성과를 얻기 위해서 시시각각으로 변화하는 요인들을 다 고려하려고 하지. 변화하는 요인들을 상관하지 않고 처음 계획대로 일을 진행하게 해 100% 성과를 가져온다는 확신이 있다면 모르겠는데, 그러기에는 불안 요소가 많기 때문에 현실적으로는 쉽지 않은 결정이야. 왜냐하면 시장 상황이 수시로 변화하고 경쟁이 심화되었기 때문이지. 그래서 성과를 중시하는 일의 속성을 고려하면 계획이 변경되는 것은 이상한 일이 아니라고 나는 생각해. 물론 계획을 변경하는 것이 성과를 달성하는 데 득인지 실인지는 따져 봐야겠지.

조직 내에서 계획 변경을 할 수 있는 권한이 누구에게 있을까? 네가 그 일에 대해서 부장님의 역할이 주연이라고 했으니 부장님일까?

저는 부장님이 저와 같이 그 일을 주도적으로 하고 있으니까 주연 역할이라고 말씀드린 거고요, 본부장님 전결이니까 본부장님이라고 봐야겠네요.

그래서 나는 최종 의사결정권자가 아니라면 그 일에 대한 역할은 조연 이하라고 보면 무리가 없다고 생각해. 사람들이 일의 책임과 권한에 대해 말하잖아. 책임은 같이 일하는 사람 모두가 위치에 상관없이 짊어질 수 있지만, 권한은 위치에 따라 달라. 권한을 가진 결정권자가 일을 성공적으로 수행하기 위해 계획을 변경하겠다는 게 이상한 일인가?

아니죠. 그럴 수 있죠.

내가 말한 대로 부장님의 역할을 보조로 정의하면, 네 권한 밖의 일을 가지고 네 뜻대로 되지 않는 것에 대해 스트레스는 받겠지만, 지나치게 받을 일은 아닌게 되는 거지.

네가 의사결정의 위치에 있을 때 네 생각대로 하면 되는 거고, 그때까지는 주어진 환경에서 너의 역할을 충실히 하면 되는 거야.

너는 부장님의 역할을 주연으로 생각하기 때문에 부장님이 본부장이나 이사님한테 좀 더 우리의 계획을 관철해야 한다고 생각하는 거고, 또 실무자의 방패 역할을 충실히 하지 못하는 것에 대해 불평하는 게 당연하다고 생각하고 있을 거야. 하지만, 윗사람이 볼 때는 부장님 또한 자신들의 지시 사항을 직원들에게 전달하고 같이 수행하는 보조적인 역할을 해야 한다고 생각할 수도 있지 않을까?

만약 너도 나처럼 생각한다면, 이 같은 상황이 좀 더 이해될 것 같은데. 내가 말하고 싶은 것은 일을 수행할 때 너의 역할을 잘 이해하면, 그만큼 스트레스를 덜 받으며 일을 할 수 있다는 거야.

네. 그 부분은 이해했습니다. 하지만 계획이 자주 변경되고 또 기한이 얼마 남지 않은 상태에서 변경되기 때문에 일할 때 짜증나고 힘들어요.

그래 그 얘기로 넘어가 보자. 네가 계획 변경 때문에 스트레스를 받는 건, 일이 어렵고 많아져서 그렇지? 계획을 변경해서 너의 일이 쉬워지고 적어졌다면 스트레스를 받을까? 오히려 좋아하겠지?

그렇죠. 그런 변경은 대환영이죠.

이 부분에 대해 합리적으로 알아보기 위해서 직장 생활에 대한 정의부터 시작해 보자. 너는 직장 생활을 어떻게 정의하니?

간단히 말하면 일을 하고 돈을 받는 것 아닙니까?

맞아. '자신의 시간을 직장에 제공하고, 그에 대한 대가를 받는다'라고 나는 생각해. 중요한 것은 네가 일할 시간은 정확히 정해져 있는데, 그 시간에 하는 일의 깊이와 양은 정할 수 없다는 거야.

그리고, 일의 깊이와 양에 대한 상사와 너의 기준 차이가 네가 받는 스트레스의 무게가 될 거야.

상사의 입장을 살펴보자. 윗사람들은 너보다 능력이 뛰어나고, 경험도 많고, 또 인맥도 좋으므로 너보다는 훨씬 일을 쉽게 생각하는 경향이 있어. 그래서 계획을 변경해도 일에 크게 무리가 없다고 생각해. 그리고 변화된 상황에서 부하직원들이 신속하게 대응하기를 원하겠지.

네 입장에서는 계획한 대로 무리 없이 진행되어 일이 편하게 끝나기를 바라는 거고. 일이 변경되더라도 그 일을 할 수 있는 충분한 시간을 달라는 거잖아? 그런데 상황상 시간을 연장할 수 없으므로 네가 스트레스를 받게 되지.

그렇죠.

앞서 얘기한 대로 계획 변경으로 인해 일이 어렵고 양이 많아져 주어진 시간 내에 처리하기 어렵다고 상사와 너 모두 동일하게 생각할 때는, 일을 수행하기가 쉽진 않지만 네가 받는 스트레스는 크지 않을 거야. 왜냐하면 윗사람들이 너의 능력이 뛰어나다는 것을 확신하는 상태에서 성과를 내기 어려운 상황인 것을 서로 이해했기 때문이야.

하지만 상사는 일이 그리 어렵지도 않고 양도 많지 않아 시간 연장이 필요하지 않다고 판단하는 상황에서 네가 일정 연장을 요구할 때 바로 스트레스가 생기는 거야. 이 경우가 현재 너의 경우라고 생각해. 단 일정 연장을 요구했을 때 윗사람들이 네가 능력이 부족해서 그렇다고 인식하기가 쉽다는 점을 고려해야 해. 그렇게 인식되기 시작하면 점점 더 스트레스가 커질 거야.

선배님 말씀은 계획이 변경되는 거, 일이 어렵게 되는 거는 다 있을 수 있는 일이니 스트레스받지 말고, 능력을 기르는 데 집중하라는 거죠.

그렇지. 잘 이해했구나. 직장에서 능력이 안 돼서 받는 스트레스는 금방 해결될 수 있는 문제가 아니야. 능력이라는 것이 단시간에 생기는 게 아니니까. 또 어떤 능력은 시간의 문제가 아닌 경우도 있잖아. 우리가 스트레스를 줄일 수는 있어도 없애지는 못하는 이유지.

그런데 일에 대한 상사의 기준이 너무 높을 때도 있잖아요?

그런 경우에 네가 스트레스를 받아 다른 팀으로 가거나 심하면 이직도 할 수 있겠지. 하지만 기존의 소속을 떠나더라도 옮긴 조직의 상사가 어떤 기준을 가지고 있는지 모르기 때문에 이와 유사한 일은 벌어질 수 있다는 거야. 그래서 직장 생활은 항상 스트레스를 기본적으로 깔고 간다는 것을 마음에 새길 필요가 있어.

선배님 말씀을 듣다 보니 저는 지금까지 직장 생활이 제 위주로 쉽고 편해야 한다고 생각한 것 같아요.

같은 내용인데 상사와 부하직원이라는 위치의 차이로 다르게 인지되는 영어 표현이 있는데 한번 들어봐. 네가 직장 생활을 하는 데 도움이 될 거야.

'When you take a long time, you're slow. When your boss takes a long time, he's thorough.'
당신이 시간이 오래 걸리면, 일을 천천히 하는 것이고, 상사가 시간이 오래 걸리면, 일을 철저히 하는 것이다.

'When you don't do it, you're lazy. When your boss doesn't do it, he's too busy.'
당신이 그 일을 하지 않으면 게으른 것이고, 상사가 그 일을 하지 않으면 너무 바쁜 것이다.

'When you make a mistake, you're an idiot. When your boss makes a mistake, he's only human.'
당신이 실수하면 바보이고, 당신의 상사가 실수하면 그는 단지 인간이라서 그런 것이다.

'When doing something without being told, you're overstepping your authority. When your boss does the same thing, that's initiative.'

당신이 지시받지 않은 일을 하면 당신의 권한을 넘어선 것이고, 상사가 지시받지 않은 일을 하면 주도적으로 일을 한 것이다.

'When you take a stand, you're being bull-headed. When your boss does it, he's being firm.'
당신의 입장을 고수하면 당신은 고집쟁이이고, 상사가 입장을 고수하면 확고한 것이다.

저뿐만 아니라, 직장인이라면 100% 동감할 것 같아요. 직장 생활에 잘 적응하기 위해서는 같은 사안을 다르게 보는 능력을 키울 필요가 있겠네요.

맞아. 네가 생각을 바꾸는 데 도움이 되었으면 해. 일 관련해서 다른 스트레스는 없니?

제가 스트레스를 많이 받는 것 중의 하나는 시간 낭비라고 생각되는 일을 해야 할 때예요. 화가 나고 심지어는 왜 이런 일을 해야 하나를 생각하면 자괴감이 들기도 해요.

네가 쓸모없는 일이라고 정의해서 그런 건데, 실제로 쓸모가 있을 수도 있다고 생각해 보는 거야. 그런 일로부터 네가 배울 수 있는 게 뭔지를 알아낸 후에 수행보다는 네가 부족한 부분을 학습하는 시간으로 활용해 봐. 직장 일이 수행을 해서 성과를 내야 하는 부분도 있지만, 수행을 위해서 학습해야 하는 시간도 필요해.

직장을 네가 부족한 지식과 경험을 배우고, 인맥을 쌓는 장소로 인지한다면 너는 교육도 받고, 돈도 받는 입장이 되는 거지.

어떤 회사에서 경력직원을 뽑는데 조건 하나가 특이하더라고. 바로, 실패 경험이 있는 사람만 지원할 수 있다는 거야. 실패를 해 본 사람만이 갖는 경험이 존재하고, 그런 경험이 가치가 있다는 거지.

쓸모없는 일을 해 본 사람이 가지는 경험도 이후 회사 생활에 도움이 될 거야. 학습의 측면에서 보면 좋은 환경에서 배우는 것도 있지만, 좋지 않은 환경에서도 배울 게 적지 않아.

직장은 조직의 목표를 실현하기 위한 집단이라 이해관계가 복잡해서 기본 규칙은 있지만 상황에 따라 그 규칙이 다르게 해석될 수 있어. '그땐 맞았고, 지금은 틀리다', '그땐 틀렸고, 지금은 맞다', '미래는 그럴 수도 있고, 아닐 수도 있다'가 통용된다는 거야. 네가 쓸모없는 일이라고 여겼던 것도 바뀔 소지가 크다고 생각해 보면 좋을 것 같아.

그러니 변화가 많은 상황에서 경직된 사고를 고집하지 말고 유연한 사고를 하는 게 스트레스를 덜 받을 수밖에 없는 이유야.

이렇게도 생각해 보고, 저렇게도 생각해 보고, 맞다 틀렸다가 아니라, 장단점의 측면으로 보면 좋을 것 같아. 보기에 따라 장점이 되기도 하고 단점도 되는 거지.

선배님 말씀은 시간을 낭비하는 쓸모없는 일을 하는 것이 아니라 돈을 받으면서 학습을 받고 있다고 생각해 볼 수도 있다는 거지요? 특히, 배울 게 많은 신입사원한테는 딱 맞는 경우네요.

나는 그렇게 생각해. 요즘 신세대들은 입사 초기에 본인과 잘 맞지 않으면 이직하는 것이 더 낫다고 생각하는 경향이 있어서 그런지 신입사원 초기 이직률이 높아지고 있다고 들었어. 나는 신입사원들이 상황을 멀리서 볼 필요도 있다고 생각해.

상황을 멀리서 본다는 게 무슨 말이에요?

말 그대로 상황을 근거리에서 일부분만 보지 말고, 거리를 둔 상태에서 그 상황을 전체적으로 생각해 보라는 거야. 그렇게 하면 추가로 고려해야 할 요인들도 보이고, 중요성이나 심각성, 가치가 달라 보일 거야.

땅에서 보면 안 보이던 건물, 도로, 하천이 산에서는 다

보이고, 땅에서 크게 보인 건물이 산에서는 작게 보인다는 거죠.

네가 비유를 잘 들었네. 큰 틀에서 보면 안 좋은 일이 그렇게 안 좋은 일만은 아니고, 힘든 일이 그렇게 힘든 일이 아닐 수 있다는 거지.

앞서 선배님이 '생각 지연'에서 생각과 물리적 실체를 연계하면 생각을 정리하는 데 도움이 된다고 말씀하셨잖아요. 상황을 멀리서 보라는 것도 응용해 보면, 골치 아픈 상황이 생기면 높은 산이나 건물 위에 올라가서 아래를 내려다보며 그 상황을 다시 생각해 보면 도움이 되겠네요.

지훈이가 응용력이 좋구나. 머리가 복잡하면 산에 올라가는 것이 도움이 될뿐더러, 산에 올라가서 그런 생각까지 하면 더 좋겠네.

오늘 너도 나랑 얘기하면서 너와는 다른 시각을 많이 느

껐을 거야. 문제가 있을 때는 시간을 내서 자기 스스로 생각해 보는 시간도 필요하지만, 너처럼 조언을 구해보는 태도는 매우 바람직한 거야. 조언을 들어보고 본인이 선택하면 되니까.

아까 네가 생각하기에 쓸모없는 일을 할 때 스트레스를 받는다고 했잖아. 그래서 나는 다른 시각으로 보면 쓸모가 있다고도 생각할 수 있는 이유에 관해 설명을 했지.

그런데 독일의 철학자 니체는 '있는 것은 아무것도 버릴 것이 없으며, 없어도 좋은 것이란 없다'라고 했다는 거야. 모든 것은 쓸모가 있고, 쓸모없는 것은 없다는 거지. 그것이 고통이라 해도 주어진 모든 것들이 그 자체로 소중하다는 뜻이야.

니체의 저서에 나오는 'Amor Fati'는 라틴어로 사랑을 뜻하는 Amor(Love)와 운명을 뜻하는 Fati(Fate)의 합성어로 각자의 운명을 사랑하라는 의미야. 네가 니체처럼 생각한다면 스트레스를 덜 받으며 살 것 같은데.

제가 겪는 힘들고 성가신 일, 문제 되는 일, 안 좋은 일 모두를 사랑하라는 건 저는 좀 받아들이기가 쉽지 않네요. 하지만, 그렇게 할 수 있다면 스트레스가 확 줄 것 같긴 해요.

우리가 같은 사안을 다르게 인지하는 것을 얘기하고 있잖아. 말이 나온 김에 우리가 흔히 범할 수 있는 중요한 인지적 오류에 관해 얘기해 줄게. 네가 스트레스를 받을 때 여러 가지 오류 중 어떤 오류에 빠져있는지 점검해 보면 좋을 것 같아.

'흑백논리의 오류'는 세상을 흑백논리적으로 판단하여 회색지대를 생각하지 못하는 경우로, 이것은 '정도의 문제'에 대해 설명했기 때문에 충분히 이해했을 거야.

'과잉일반화의 오류'는 한두 번의 사건에 근거하여 일반적인 결론을 내리고 또한 전혀 무관한 상황에서 그 결론을 적용하는 경우로 매우 일반적으로 발생하는 오류야.

'의미확대 및 축소 오류'는 어떤 사건의 의미나 중요성을 실제보다 지나치게 확대 또는 축소하는 경우고, '파국적 사고 오류'는 부정적 측면만 보고 최악의 상태를 생각하는 경우로, 예를 들면 개에게 물렸을 경우 광견병으로 곧 죽을 거로 생각한다는 거지.

'개인화 오류'는 자신과 무관한 사건을 자신과 관련된 것으로 잘못 해석하는 경우로, 예를 들면 길 가다가 모르는 사람이 웃고 있는데 자신을 비웃는다고 생각한다는 거지.

'독심술의 오류'는 충분한 근거 없이 다른 사람의 마음을 마음대로 추측하고 단정하는 경우이고, '예언자적 오류'는 미래에 일어날 일을 예언하듯이 단정하고 확신하는 경우야.

저한테는 다 해당하는 것 같은데요. 그래도 스트레스를 받을 때 하나하나 생각해 보며 내가 이런 오류로 스트레스를 받는 건 아닌지 점검해 볼 필요는 있을 것 같아요. 추측이나 편견으로 인해 골치 아픈 일이 많이 생기니까요.

일과 관련해서 제가 가지는 스트레스에 대해 하나 더 말씀드릴게요. 저는 일하면서 실수할까 봐 몹시 걱정돼요. 인간은 신이 아니니까 실수하면서 사는 게 당연하다고 생각은 하고 있지만요.

그래. 실수하지 않는 인간은 없어. 우리는 완벽할 수가 없지. 그런데 사람들은 실생활에서 실수했을 때 비난하고, 왜 실수했냐고 질책을 해. 물론 반복되는 실수를 막기 위함도 있겠지만, 완벽함을 바라기 때문이야. 완벽하지 못한 인간이 완벽함을 추구하면서 스트레스가 생기는 거지.

네가 완벽하지 못하다는 것을 인정하면, 지금보다 훨씬 스트레스가 줄 거야. 너 자신한테도 완벽한 잣대를 들이대지 않고, 남에게도 완벽을 요구하지 않고, 더 나아가 사회시스템에도 그리 기대하지 않는다면 지금보다 훨씬 편하게 지낼 거야.

편하게는 지내겠지만, 일이 잘 안될 것 같은데요. 발전도 없고.

그래서 '정도의 문제'에서 설명했듯이 양극단이 아니라 각자에게 맞는 완벽함의 정도를 찾아야 하는 거야. 실수에 대해 허용치를 가진다고 생각하면 좋을 것 같아. 'B급 며느리'라는 영화도 있듯이 너도 실수를 거의 하지 않는 A급이 아니라 약간의 실수를 하는 'B급'정도라고 받아들이면 스트레스를 덜 받을 것 같은데. 물론 A급이 되려는 노력을 중단하지 않으면서, 너보다 못한 C급, D급, E급도 있다는 것을 잊지 말라는 거지.

B급 남편, B급 아빠, B급 직장인, 이렇게 B급을 붙여보니 마음이 좀 편한데요. 다시 생각해 볼 것투성이네요.

마지막 사례인 '자신 관련 스트레스'에 대해 얘기해 보자.

자신 관련 스트레스

정량적 평가 / 정성적 평가 / 경청과 겸손

• • •

사람과 일로 인한 스트레스에 대해서는 언급했으니까, 너를 둘러싼 환경이 아닌, 너 자신과 관련된 스트레스는 없니?

제가 키가 작은 편이잖아요. 키 작은 게 저에겐 콤플렉스라, 키 얘기만 나오면 스트레스를 받아요. 그래도 지금은 덜하지만 결혼 전에는 매우 심했어요.

사람마다 단점이라고 생각하는 것에 대해 스트레스를 받게 되지. 키를 포함해 외모, 성격, 직업, 가족, 건강, 재산, 학벌 등 각자가 단점이라고 생각하는 부분이 있어.

결혼상담소에서 체크하는 사항들과 유사하네요. 이런 것들이 일반적으로 사람을 평가하는 잣대라서 그런가 봐요.

내 키를 보고 평가하지 않았으면 하는데, 사람들이 호기심을 억제하지 못하는 것처럼 나에 대한 평가를 못 하게 할 수는 없겠죠?

맞아. 속물이니 편견이니 해도 사람들은 나름대로 평가를 멈추지 않을 거야. 그러니 중요한 건 이러한 평가를 받고서도 어떻게 하면 네가 스트레스를 덜 받을 수 있느냐 하는 거지.

사람들이 개인에 대해서 하는 평가는 크게 2가지로 나눠 볼 수 있는데, 체격, 능력, 직업, 재산 등 비교적 객관적인 정량평가와 소심하다, 게으르다, 지저분하다 등 주관적인 정성평가가 있어.

사람들의 정량평가에 대해 네가 받는 스트레스를 줄이려고 한다면 '수용의 문제'를 기억하고 인정하는 것이 필요해.

물론 사람들의 평가가 100% 맞는 것은 아니지만 사회에서 통용되는 수준에 저항해서 의견 불일치로 인한 과도한 스트레스를 받는 것은 지양해야 한다고 생각해.

사람들이 저 보고 키가 작다고 할 때, 인정하는 게 좋다는 거지요? 저는 제 키가 작다고 생각해요. 하지만 일반적으로 사람들은 키 큰 사람을 선호하고, 제가 키가 작으므로 사람들이 나를 무시한다고 느끼고 있어요. 키가 작아서 불이익을 받는다고도 생각하지만, 어쩔 수 없는 부분이라서 스트레스를 받아요.

사람에 따라서는 자기 생각에는 키가 작지 않다고 항변하는 사람도 있는데 너는 그러하지 않다니 다행이네. 정량적인 단점을 듣고 네가 스트레스를 받는 이유는 그 단점을 너무 확대 해석하기 때문이야. 그 단점이 너의 전부가 아니잖아. 너에게는 키 작은 거 외에도 다른 장단점도 많이 있겠지. 그런 것들을 다 합쳐서 네가 되는 거야.

하나의 단점에 너무 민감하게 반응해서 스트레스를 받을 필요는 없다는 거야.

특히 정량적인 단점은 장점으로 만들기가 쉽지 않아.

단점을 극복해서 장점으로 만들어야만 스트레스를 안 받는 게 아니야. 단점이라고 쿨하게 인정하고 그 점에 있어서 스트레스를 덜 받고, 나에게는 다른 장점도 많아서 괜찮다고 생각하며 지내는 것이 현명하다는 거지.

누가 너한테 '너는 가난하잖아'라고 했을 때, 네가 그 말에 개의치 않는다면 스트레스를 안 받을 것이지만, 너도 가난하다고 생각하며, 부자가 되고 싶을 때는 스트레스를 받게 되겠지.

때로는 단점에 대한 스트레스가 원동력이 돼서 좋은 결과를 가져다주는 경우도 많아.

선배님 말씀은 정량적인 단점에 대해 스트레스를 덜 받으려면, 첫째 단점을 쿨하게 인정하고 나는 다른 장점도 많아서 괜찮다 하고 지내든지, 둘째 스트레스를 원동력 삼아 그 단점을 상쇄할 새로운 장점을 만들어 보라는 거죠?

맞아. 하나 더 말하자면, 어렵지만 그 단점을 어떻게든 장점으로 만들 수도 있겠지. 하지만 이 부분은 현실과 자신의 의지를 잘 판단해 결정하지 않으면 쏟은 시간과 노력에 비해 결과가 기대보다 낮을 경우 꽤 스트레스를 받을 수 있어서 신중하게 결정할 필요가 있어.

나는 현실을 고려할 때 첫 번째와 두 번째 방법이 합리적인 것 같고, 간혹 의지가 강한 사람의 경우 세 번째 방법도 가능하지만, 실현 확률은 제일 적은 것 같아. 시간이 없으니까 정량적인 평가에 대해서는 이 정도만 하고, 정성적인 평가에 관해 얘기해 보자.

정성적인 평가에 의해 스트레스를 받는 건 너와 상대방이 다른 시각으로 너를 바라보기 때문이야. 너는 자신이 부지런하다고 생각하는데, 다른 사람들은 너를 게으르다고 하는 것에 스트레스를 받겠지.

정량적 평가라 할지라도 서로의 기준이 같을 순 없지만 정성적 평가가 훨씬 더 기준의 차이가 크다고 할 수 있지. 그래서 그 폭을 줄이기가 쉽지 않아.

상대는 너의 기준에 절대로 맞추지 않을 거고, 상대의 기준에 맞추려면 네가 너무 힘들 거야. 그러니 절충하는 수밖에 없지.

'정도의 문제'를 기억하고 그 차이를 적극적으로 줄여 나가야지. 너의 기준을 뒷받침하는 사례, 즉 부지런하게 보이는 사례를 들어서 너를 조금씩이라도 이해시켜나가는 방법이 제일 좋아. 그렇게 하다 보면 서로 인정하는 지점이 있을 거야.

정성적인 평가에서 나와 상대방이 같을 때 어떻게 스트레스를 줄여요? 내가 게으르다는 게 단점이라고 생각하고 있고, 상대방도 나를 보고 게으르다고 할 경우 부지런하지 못한 것 때문에 스트레스를 받는데.

이 문제는 특별한 방법이 없고, 스트레스를 줄이려면 부지런해질 수밖에 없지. 앞서 일과 관련된 스트레스에서 말한 것처럼 능력이 모자라서 스트레스를 받을 때는 능력을 키울 수밖에 없는 것처럼.

정량적 또는 정성적 평가에 의한 너의 단점을 상쇄해서 스트레스를 줄일 수 있는 두 가지 방법을 추천하고 싶어.

첫 번째는 다른 사람의 말을 귀담아듣는 경청의 능력을

기르는 거야. 경청이란 너도 잘 알고 있겠지만, 상대방의 말을 집중해서 잘 듣고, 충분히 이해하는 능력을 말하지.

대부분의 사람은 남의 얘기를 집중해서 잘 듣지 않아. 그래서 상대방의 의도를 제대로 이해하는 사람이 드물어.

나는 네가 키가 작지만 남의 말을 경청하는 사람이라는 평가를 받으면 좋겠어. 네가 다른 사람 말을 경청하는 장점을 가지고 있다면 단점으로 인한 스트레스를 확실히 줄일 수 있을 것이라고 생각해.

경청을 잘하는 방법이 있나요?

상대방의 말을 끊지 말고 집중해서 들어야 해. 듣고 난 후 상대방이 말한 요지를 정리해서 확인하고 궁금한 게 있으면 질문해. 만약 상대방이 네 의견을 물어보면 답해주고, 의견이나 조언을 구하지 않으면 말하지 마.

열심히 들어만 주고 말하지 말라는 거잖아요? 어렵겠는

데요.

물어보면 말해도 돼. 쉽지 않지. 그러니까 경청하는 사람이 적은 거야. 하지만 사람들은 경청하는 사람을 매우 좋아해. '연습의 힘'을 믿고 실천해 봐.

다음은 경청보다 더 어려운 겸손에 관해 얘기해 보자. 내가 이해하는 겸손은 내가 한 것은 작고, 남이 한 것은 크다고 생각하는 마음을 가지고 있는 거야. 이것은 노력보다는 우선 마음가짐이 돼야 해.

경청과 겸손 둘 다 시늉만 해서는 안 되고, 상대방이 너의 진심을 느껴야 효과가 있어.

만약 네가 남의 말을 경청도 하고, 겸손하기까지 하다면, 웬만한 단점은 다 상쇄되고, 그로 인한 불이익은 없을 것 같은데. 어때?

저의 단점을 보완해 줄 좋은 장점이 될 것 같은데, 금방

제 얘기만 하고, 잘난 체하는 제가 보이네요.

그래, 쉽지 않을 거야. 벌써 2시간 가까이 이야기를 나눴네. 사람들이 주로 스트레스를 받는 5가지 대상에 대해 너의 경우를 가지고 얘기했는데 도움이 되었는지 모르겠다. 지금까지 내가 한 말을 정리해 보기 전에 '실행'하는 데 참고가 되는 얘기를 해줄게.

유명한 투자자인 워런 버핏과 함께하는 점심이라고 들어봤지? 만약 네가 워런 버핏과 점심 식사를 하는 대가로 100만 원을 지불했어. 워런 버핏이 식사 중 '성공하려면 부지런하게 살아야 합니다'라고 주장했는데, 사실 이 내용은 2만원 주고 사서 본 워런 버핏의 책에도 똑같이 있었어. 또 네가 택시를 탔는데, 택시 운전사가 자기 경험을 가지고 왜 부지런히 살아야 하는지를 말해 주었다면 네가 조언대로 실천할 확률은 비용을 많이 지불했을 때나 좀 더 유명한 사람이 직접 말해 주었을 때가 높지 않을까? 똑같은 내용인데도 무게를 다르게 받아들인다는 거지. 중요한 것은 내용을 이해하고, 실천해서 효과를 보는

데 있으니, 각자 가치를 더 느끼는 방법을 찾아서 적용하면 될 것 같아. 하지만, 진짜 현명한 사람은 택시 운전사가 말하더라도 그 사람의 말이 이해되고 자신도 그 말이 맞다고 생각되면 그대로 실천하는 사람이 아닐까? 나는 네가 현명한 사람이 되었으면 해.

자 이제 내가 한 말을 전체적으로 정리해 볼까?

알겠습니다.

제 3 장

정리

대략 선배님이 하신 얘기는 이해하기 어려운 부분은 없으나 따로 시간을 내서 생각을 정리해 볼 필요는 있을 것 같아요. 제가 키워드 위주로 적은 것을 보고 정리해 볼게요.

- 피곤함을 느껴 편히 쉬고 싶으면, 우선 휴식의 대상이 몸 인지 머리인지를 결정한다.

- 몸이면 시간을 내서 몸의 활동을 최소화하면서 휴식한다.

- 머리면 '호흡(방법1)'을 통해서 최소한의 생각을 하는 상태로 비교적 단시간을 유지하거나, '생각 지연(방법2)'을

통해서 피로감을 느끼게 하는 주된 생각을 하지 않은 채로 비교적 장시간을 지냄으로써 휴식한다.

- 육체적인 피곤함을 줄이기 위해서는 규칙적으로 생활하고, 잠, 음식, 운동을 중점적으로 관리하여 건강을 유지하고, 조건이 다른 남과 나를 비교하기보다는 자신의 건강 상태가 전보다 얼마나 개선되었는지에 집중한다.

- 정신적인 피로감을 줄이기 위해서는 스트레스를 바라보는 시각을 바꾸어 보는 것이 필요하다.

- 스트레스를 합리적으로 다시 생각해 보라.

- 스트레스받는 대상을 다르게 정의하기(정의의 문제 Matter of Definition-방법3),

- 생각의 폭을 확장해서 양극단이 아닌 그 사이에서 합리적 위치를 찾아보기(정도의 문제 Matter of Degree-방법4),

- 필연적인 것, 일어난 일에 저항하지 말고 긍정적으로 수용하기(수용의 문제 Matter of Acceptance-방법5)

를 활용한다.

- '연습의 힘'을 믿고 포기하지 말고 꾸준히 실천해 보는 것이 중요하다.

이런 내용을 활용해서 내가 크게 스트레스를 받는 죽음, 불확실한 미래, 사람, 일, 내 단점에 대해 다시 합리적으로 생각함으로써 스트레스를 줄여 본다.

- 죽음이라는 확실한 사실을 받아들이지 못하고 저항하기 때문에 스트레스를 받는데, 지속해서 죽음을 상기시켜 봄으로써 죽음은 특별한 것이 아니고 자연스러운 것이라는 걸 인지한다. 결국 죽음을 자연스럽게 받아들이고 죽음을 인지하면서 살게 되면 살아 있는 것을 고맙게 느끼게 된다. 이런 상태가 스트레스를 적게 받는 최적의 상태이자 편안한 삶을 사는 지름길이라고 할 수 있다.

- 미래는 불확실하므로 안 좋은 일이 생길 것을 걱정할 때 스트레스를 받는데, 좋은 일도 생길 수 있다고 생각해 봄으로써 스트레스를 줄여 본다. 미래에 대해서는 불확실한 상태 그대로를 수용하기로 하고, 조절이 가능한 현재에 집중하는 것이 편안한 삶을 사는 데 도움이 된다.

- 사람들이 나와 다르기 때문에 스트레스를 받는데, 사람들은 겹치는 속성을 가지고 있지만 세부적으로 생각해 보면 각각의 개체라고 보는 것이 타당하다. 따라서 모두가 각자의 기준을 가지고 있으므로 기준이 다른 것은 당연하다. 기준이 다른 것에 대해 스트레스를 받지 말고, 기준을 절충하는 데 집중한다.

- 일을 할 때 상황 파악을 통해 자신의 역할을 잘 이해하면, 그만큼 스트레스를 덜 받으며 일을 할 수 있다. 성과를 지향하는 일의 속성상 잦은 변경을 받아들이고, 능력을 키우는 데 집중한다. 상황을 멀리서 봄으로써 다르게 생각해 본다.

- 본인이 단점이라고 생각하는 것을 사람들이 평가할 때 스트레스를 받는다. 사람들의 평가는 비교적 객관적인 정량평가와 주관적인 정성평가로 나눌 수 있다. 정량평가에 의한 단점은 인정하되 전체로 받아들이지는 않는다. 정성평가에 의한 단점은 평가자의 기준과 나의 기준을 절충하는 데 집중한다. 단점을 상쇄하는 바람직한 방법은 경청과 겸손이다.

대단히 잘 정리했네. 내가 한 가지 더 강조하고 싶은 사항은 내가 제시한 여러 가지 방법 중에서 '호흡', '생각 지연', '정의의 문제', '정도의 문제', '수용의 문제'가 5가지 기본 방법을 활용하는 게 핵심이라는 거야.

네. 명심하겠습니다. 말씀하신 취지를 잘 이해해서 제 것으로 만들어 보겠습니다. 선배님의 설명을 듣기 전보다 편하게 살 수 있을 것 같아요. 고맙습니다. 선배님.

에필로그

 선배와 후배의 대화를 통해서 이 책을 구성한 이유는 독자의 이해를 쉽게 하기 위한 목적이 가장 우선이었지만, 책 이외의 영화나 연극 같은 매체로 내용이 전달되는 것도 유용할 것이라는 생각이 있어서였습니다.

 만약 영화나 연극이 만들어진다면 누가 배역을 맡으면 좋을까 생각해 봤습니다. 선배 역할은 ○○○, 후배 역할은 ○○○이 하면 이 책의 내용을 잘 전달할 것 같다는 느낌이 들었습니다.

 여러분도 이 책을 읽고 감독의 관점에서 저와 같이 선배 역할 배우와 후배 역할 배우를 추천해 주시길 바랍니다. 책의 내용을 한 번 더 생각해 보게 되어 독자분들께 도움이 될 것 같고, 의견을 모아 공유해 보면 서로 이해하는 부분이 다르다는 것을 알 수 있어 흥미로울 것 같습니다.

의견을 주실 분은 decent24@naver.com으로 보내주시고, 어느 정도 의견이 취합되면 이메일로 답변드리겠습니다.

휴식 (rest)
ⓒ오늘 2024

1판 1쇄 2024년 5월 7일
저자: 오늘
표지사진: 오늘
책디자인: 이로울리 디자인 zeeeh@naver.com

출판사: ㈜디슨트
출판등록: 2024년 1월 5일 제2024-000004호
주소: 03723 서울특별시 서대문구 연희로 22길 28-6 B01
전자우편: decent24@naver.com
전화: 02 585 4325
팩스: 0504 079 5831
인스타그램 @decent_consulting

ISBN 979-11-987395-0-6 03190

이 책 내용의 일부 또는 전부를 재사용하려면 반드시
저자와 출판사 양측의 서면 동의를 받아야 합니다.